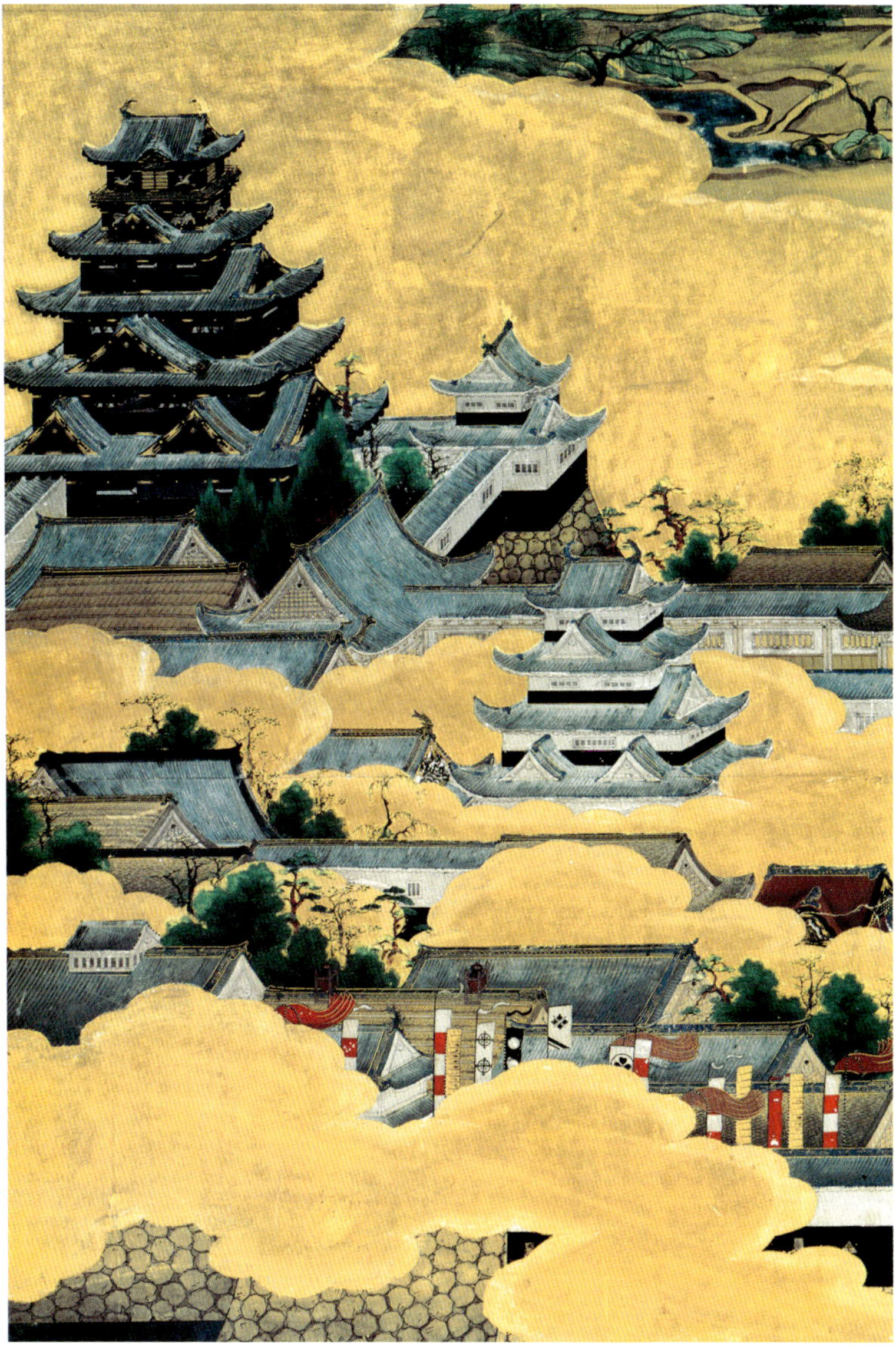

大坂夏の陣図屏風（六曲一双のうち右隻・部分　大阪城天守閣蔵）
秀吉亡き後、羽柴家を支えたのは、秀頼を支える茶々と家老の片桐且元だった。しかし、慶長19年9月、いわゆる方広寺鐘銘事件の解決策について、秀頼・茶々と且元は決裂。大坂城本丸・二の丸を舞台に御家騒動が繰り広げられる。そこから始まった大坂の陣。羽柴家はいよいよ滅亡の危機に瀕する。

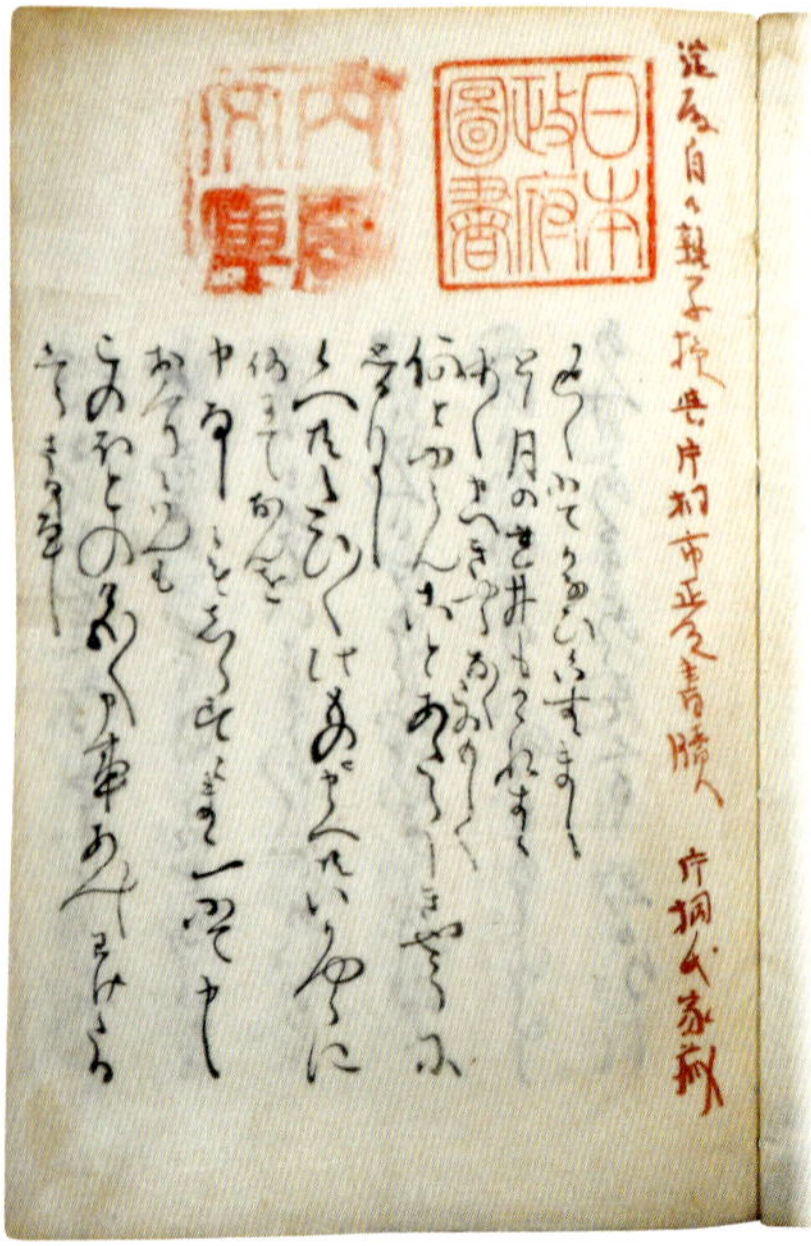

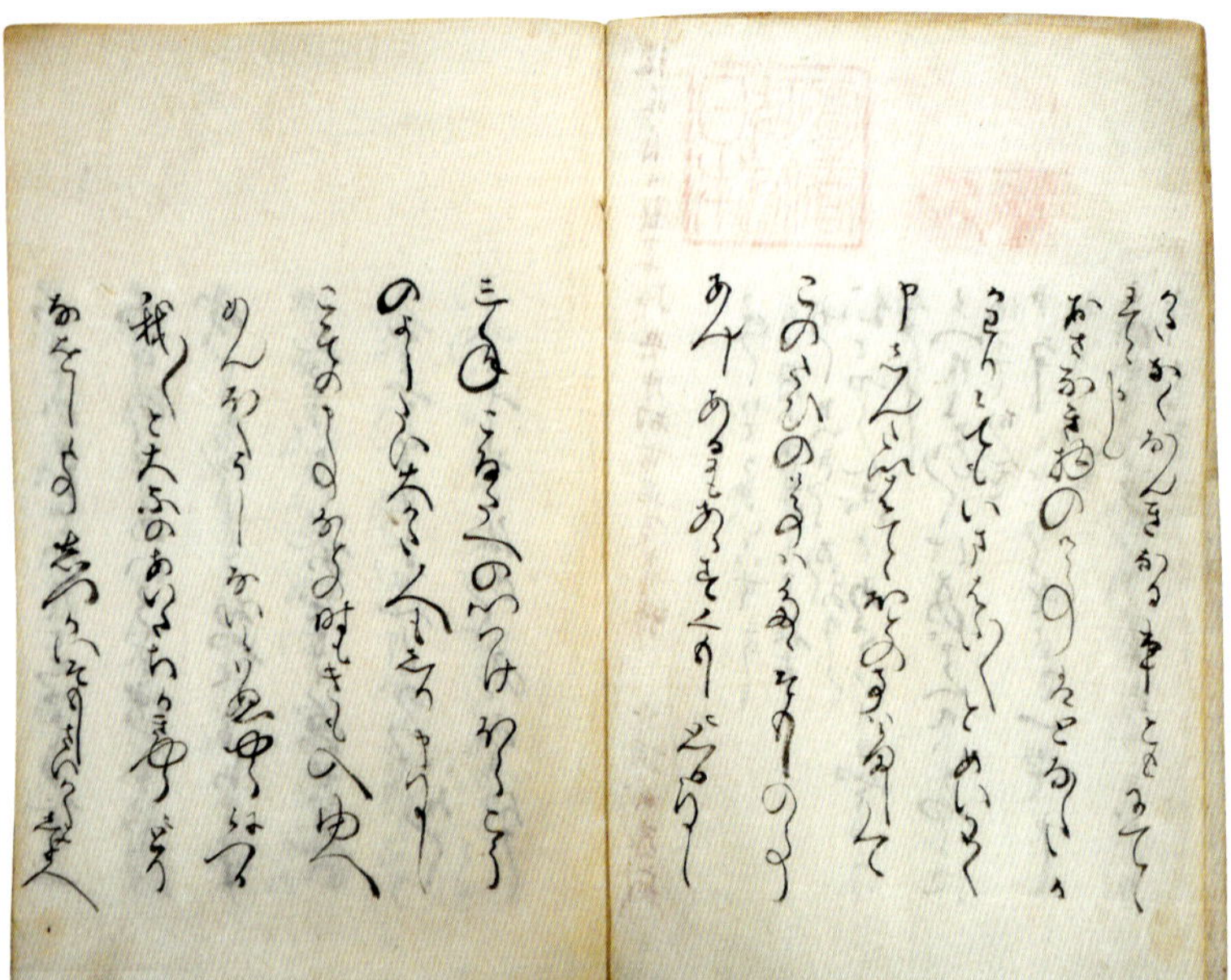

（年月日未詳）いもし宛茶々消息写〔国立公文書館蔵「部類文書」巻四より〕
新出史料。且元に対して、家康への取り成しを依頼する茶々からの書状。家康から突きつけられた秀頼に関する「一大事」について相談する中、「私はしっかりとした親を持っておらず、相談する相手もいない」とつい本音を漏らす。羽柴家の女主人が、大きな重圧に耐えかね、孤独にあえぐ姿が記録されるのは珍しい（読み下し、現代語訳は102～106頁に掲載）。

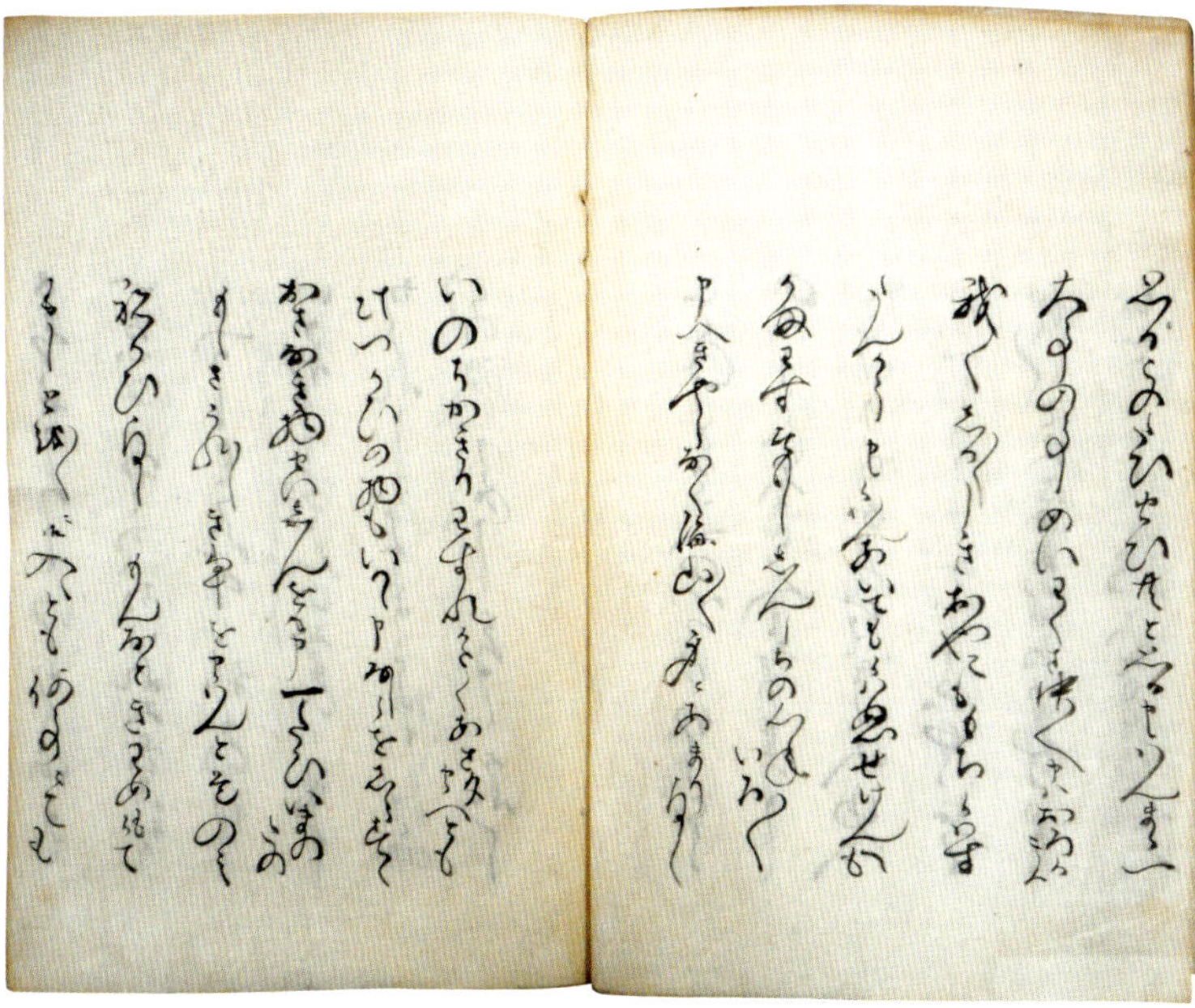

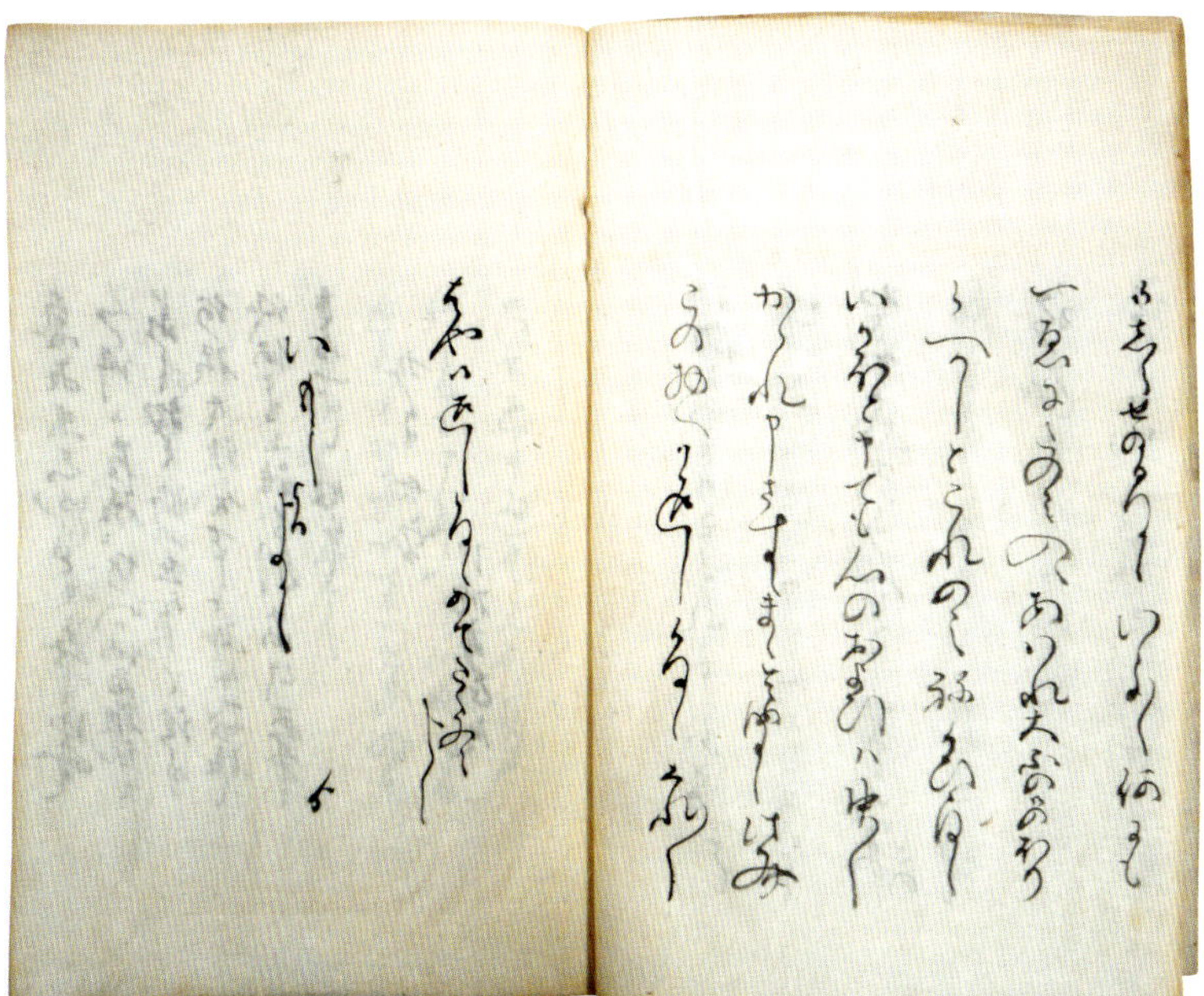

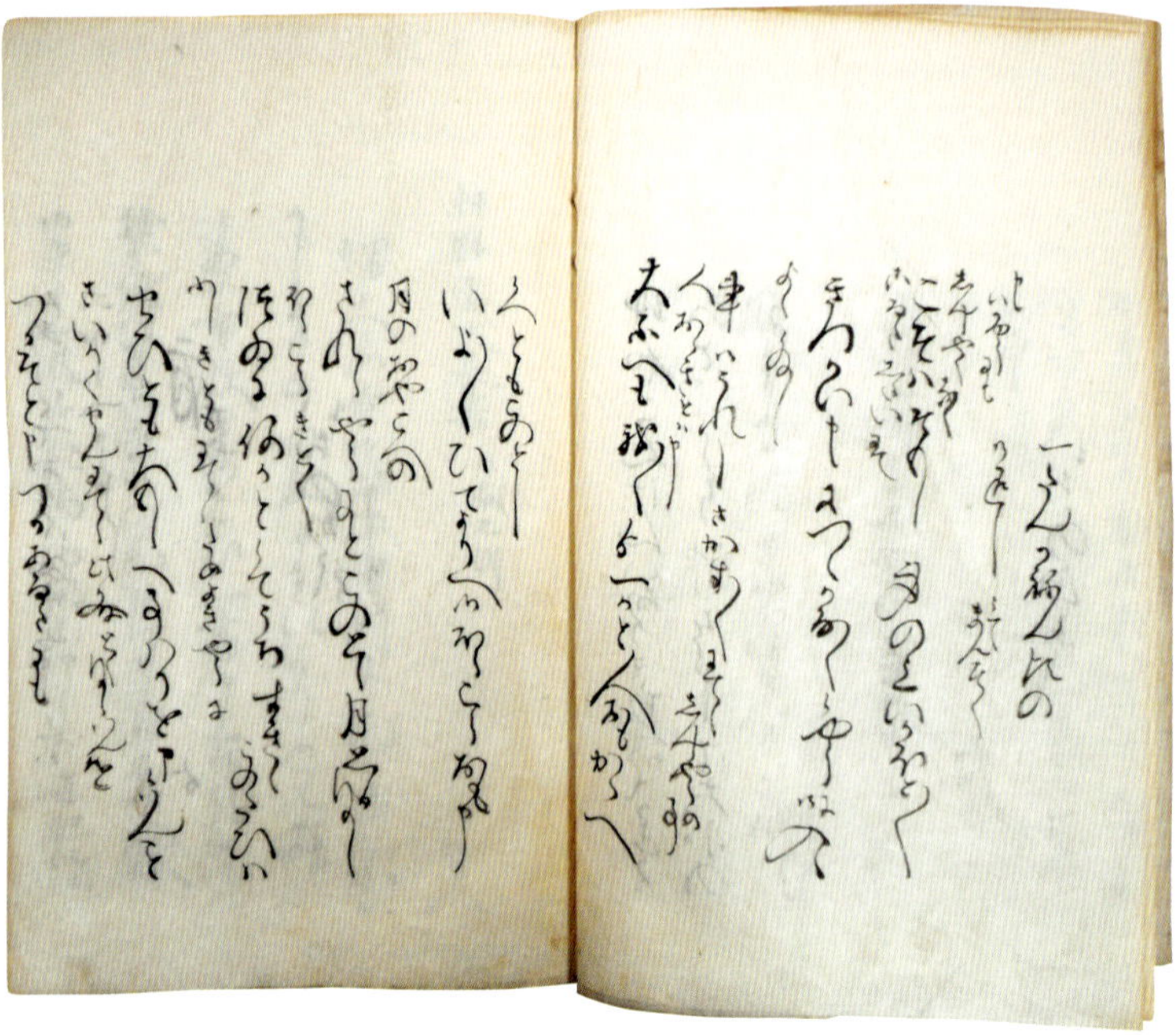

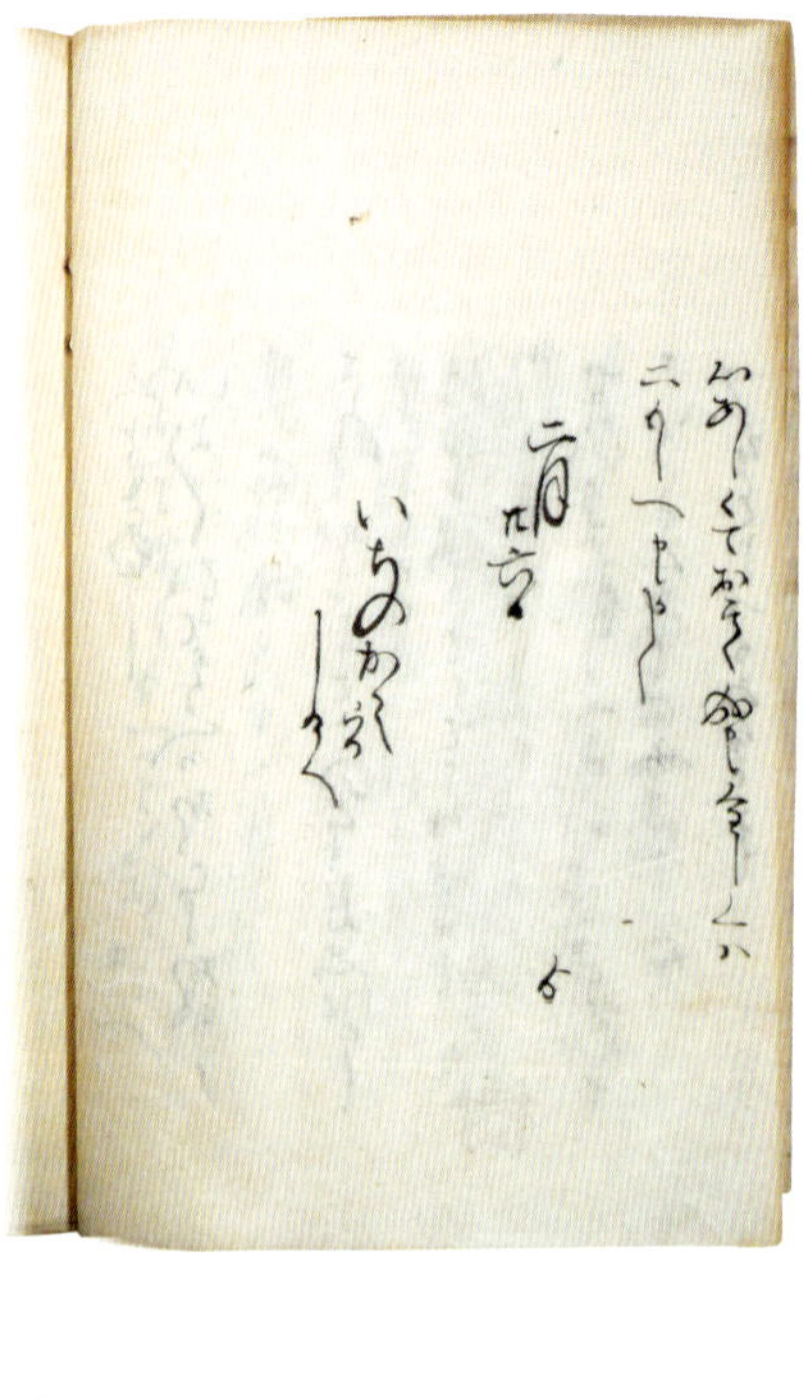

(年未詳) 2月26日付いちのかみ［片桐且元］宛茶々消息写〔国立公文書館蔵「部類文書」巻四より〕
同じく新出史料。片桐且元に、秀頼の親代わりとなって支えてほしいと頼む茶々からの書状。追伸で「この長年の親子（茶々・秀頼）への（あなたの）奉公は奇特です」と述べるなど、秀吉以来の重臣にして、秀頼の家老となっていた且元に対し、茶々が寄せる信頼はこの上なく厚かったことがわかる（読み下し、現代語訳は87～90頁に掲載）。

中世から近世へ

羽柴家崩壊

茶々と片桐且元の懊悩

黒田基樹

平凡社

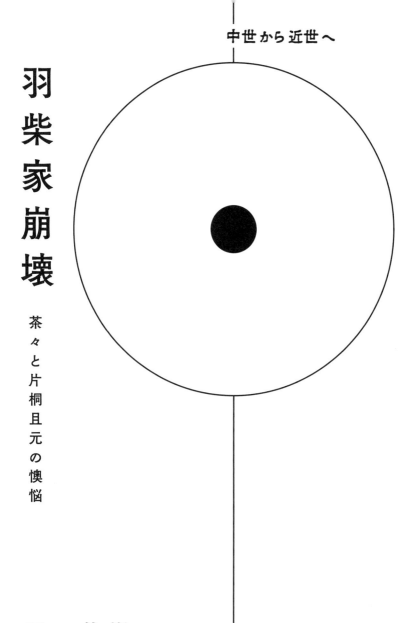

装幀　大原大次郎

羽柴家崩壊　茶々と片桐且元の懊悩◉目次

第三章　且元を頼りにする茶々

茶々関係系図

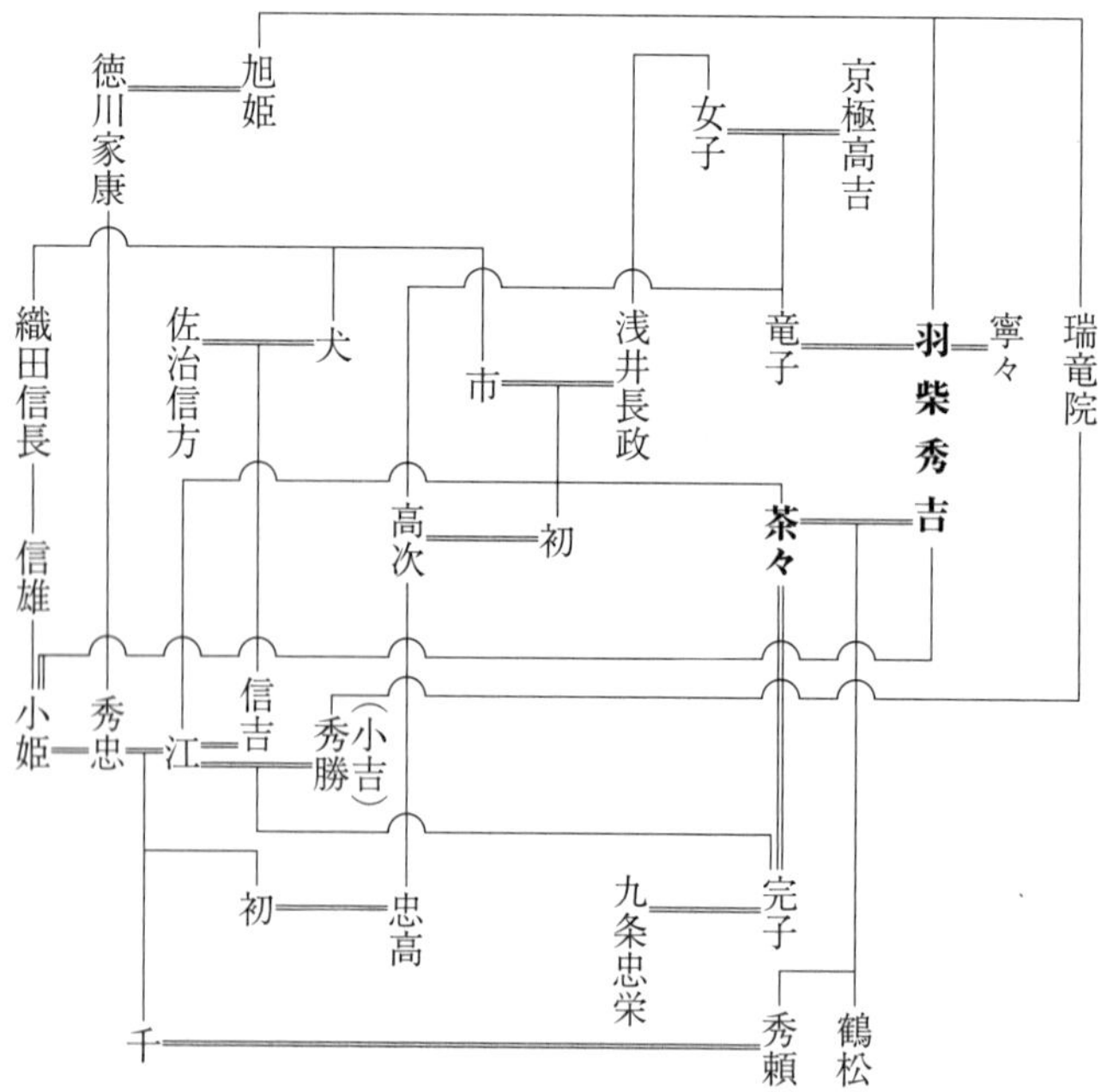

瑞竜院
寧々
羽柴秀吉
京極高吉
女子
竜子
浅井長政
市
旭姫
徳川家康
織田信長
犬
佐治信方
信雄
高次
初
茶々
小姫
秀忠
江
信吉
秀勝
(小吉)
初
忠高
完子
九条忠栄
千
秀頼
鶴松

はじめに――同じ想いを抱きながら、別の道を選んだ家長と家臣

慶長五年（一六〇〇）の関ヶ原合戦後から、同十九年の大坂の陣勃発までの政治過程は、羽柴政権から徳川政権＝江戸幕府への政権移行の過程であるとともに、江戸幕府の権力が完全に確立する過程であった。幕府はどうして前政権の子孫である羽柴秀頼とその家族を滅ぼさなくてはならなかったのか。これは古くからの課題であるとともに、今もって解決されていない問題である。いうまでもなくこの問題を解くためには、関ヶ原合戦後から大坂の陣勃発までの政治過程について、多様な側面から問題の解明をすすめていかなくてはならない。

そしていうまでもないが、大きな問題の一つが、その時期における羽柴家がどのような存在であったのか、ということである。ところが不思議なことに、この時期の羽柴家の実態を解明する動向は、近年になってようやく本格化してきている状況にある。それまでは、江戸幕府の確立過程のみを追究していたにすぎなかったといってよく、羽柴政権から江戸幕府への政権交代という観点は、あまり注意されていなかったのである。しかし、近年における羽

柴家についての研究の進展によって、もはやそのような捉え方では不十分であることが明確に認識されるようになってきた。なかでも徳川家と羽柴家は、ともに諸大名などを従える公儀政権であったとする、いわゆる「二重公儀政権論」は、最も先鋭的な見解といえる。

　ところで、この時期の羽柴家をとらえるうえで、決定的に重要な人物となるのが、浅井茶々（いわゆる「淀殿」）、羽柴秀頼、片桐且元の三人であることについては、異論はないであろう。茶々は、前天下人・羽柴秀吉の後室であるとともに、羽柴家当主秀頼の生母であった。関ヶ原合戦後の時点では、秀頼はまだ幼少であったから、羽柴家の女主人として存在した。秀頼は、秀吉の後継者にして、羽柴家当主であった。秀頼が成人するのは関ヶ原合戦から八年も経った、慶長十三年（一六〇八）頃のことになる。しかしその後は、羽柴家当主として政務に携わるようになっていった。そして且元は、この時期の羽柴家において唯一の家老であり、羽柴家の家政のほとんどすべてを取り仕切っていた存在であった。

　この時期の羽柴家は、この三人を中心に運営されていた、といってよいほどであった。ところが羽柴家の滅亡をもたらした大坂の陣は、三人の決裂が原因になっていた。すなわち茶々と秀頼が、且元を羽柴家から退去させてしまい、それが幕府との開戦をもたらしたのであった。ではどうして茶々と秀頼は、且元と政治対立し、最終的に追放したのであろうか。そのことを考えるにあたっては、そこにいたる羽柴家をめぐる政治状況を解明し、それに関わるそれぞれの動向や思惑を解明していく、というやり方もあろう。それこそが正当な方法かもしれない。

しかし私はそれよりも、まずは、且元追放という大事件にあたって、茶々と秀頼それぞれがどのように認識していたのか、そこで何を思い、どう行動したのか、ということに興味を引かれる。実際のところ、それまで密接な協力関係にあった両者の間に、意見対立はあったにしても、且元追放までにいたってしまったのはどうしてなのか、という素朴な疑問が拭えないのである。そこで注目したいのが、茶々・秀頼から且元に送られた七通の書状と、且元が方広寺鐘銘（ほうこうじしょうめい）問題に関わって駿府から大坂に帰還してから、大坂を退去するまでにおける、両者の具体的な遣り取りの状況を伝える、関係者の記録である。

茶々・秀頼から且元に送られた書状からは、茶々と秀頼が且元のことをどのように認識していたのか、まさに本人の考えを知ることができるものとなろう。具体的な内容は本文で取り上げるものの、そこからは茶々と秀頼が、羽柴家の存続にあたって、いかに且元のことを頼りにしていたのか、という強い思いを知ることができる。とりわけ関ヶ原合戦直後の政治状況のなかで、茶々が且元をどれだけ頼みに思っていたのか、その痛切な思いに接することができる。

さらにそこでは茶々が、徳川家との関係をどのように認識していたのかについて、わずかながら知ることができる。当時の羽柴家と徳川家の関係を、茶々自身がどのように認識していたのかは、とても興味深いことといえる。これによって、「二重公儀政権論」をはじめとした、この時期の両家の関係の在り方、そして羽柴家の立場について、茶々の目線からとらえることができるように思う。それを踏まえて、私の現時点での見解についても示しておくことにしたい。

　そして且元が大坂に帰還してから大坂を退去するまでの記録からは、実際にどのような経緯で且元の退去にいたってしまったのか、かなり具体的に知ることができる。とくに中心になるのは、且元の家に伝承された内容を孫の且昭（かつてる）がまとめた覚書（「譜牒余録」）と、且元の寄子（よりこ）（配下に属す同僚）で両者の交渉に携わった今木一政の覚書（「浅井一政自記」）である。且元が大坂に帰還したのは慶長十九年九月十八日のことで、大坂から退去するのは十月一日であったから、その間はわずか十三日にすぎなかった。この十三日間の状況を、できるだけ具体的に描き出すことにしたいと思う。

　大坂の陣を引き起こすことになった片桐且元の大坂退去という事件が、実際にはどのような経緯で展開していったのか。そこで茶々・秀頼そして且元は、それぞれ何をどのように思い、考え、どう行動していったのか。本人の言葉、あるいはそれを目撃したものたちの証言に接することで、さながら一つのドキュメンタリーをみるような臨場感を味わうことができるに違いない。羽柴家滅亡の起因になった事件が、関係する人々の思惑が交錯するなかから生じる様をみると、歴史的な大事件といわれるものも、人間ドラマの所産であることを実感できるかもしれない。

第一章　関ヶ原合戦以前の茶々と且元

茶々の呼称について

本書では、茶々について、本名である「茶々」の名で記していく。一般的には、「淀殿」の名が広く知られたものとなっているが、すでに福田千鶴氏も指摘しているように（『淀殿』）、「淀殿」は当時の呼び名ではなく、江戸時代になってからみられるようになったものである。いつから広まったのかは確認していないが、本書のなかで多く取り上げることになる、江戸時代前期の貞享元年（一六八四）に作成された「片桐又七郎（且昭）条書」には、茶々のことを一貫して「淀殿」と記しているので、その頃にはその呼び名が定着していたことがわかる。

さらに、今からひと昔前には「淀君」の名が一般的であった。茶々に関する本格的な人物評伝の最初にあたるのは、桑田忠親氏の『淀君』（一九五八年）であるが、そこでは「淀君」が書名に採用されていた。もちろん桑田氏も、同書のなかで、「淀君」が当時の呼び名ではなく、江戸時代も後半になってから、茶々を貶める評価の定着によって広まったものであることを指摘しているが、同書が刊行された一九五〇年代は、それが一般的であった。その後、一九六〇年代になって、中村孝也氏の『淀殿と秀頼』（一九六六年）が出され、書名に「淀殿」が採用されているが、中村氏はその理由について、特段記してはいない。

本名が「茶々」であることは、本書内でも取り上げる発給文書に「ちやちや」と署名があり、また、羽柴秀吉が彼女に宛てた書状の宛名にも「ちやちや」とあることなどから（『太閤書信』一一〇号）、確実である。しかし、当時の社会のことなので、本名で呼ばれることはほとんどなく、たいていは居所で呼ばれることになる。淀城に居住している時は「淀の女房」「淀の上様」、大坂城二の丸に居住している時は「二の丸様」、伏見城西の丸に居住している時は「西の丸様」という具合である。したがって、彼女が「淀」を冠されて呼ばれたのは、実は淀城に居住していた、ごく一時期のことにすぎなかったのである。

伝・淀殿像（奈良県立美術館蔵）

また茶々は、長男鶴松・次男秀頼を産んだ後、「御袋様」「御上様」「北の方」「北政所」「御台様」「簾中」とも呼ばれるようになっている。「御袋様」というのは、嫡子あるいは当主の母としての呼称になるが、「御上様」以下は、秀吉の正妻あるいは秀吉死後の後室としての呼称になる。すでに福田氏も指摘しているように、茶々は秀吉の正妻の一人であった。そのため、それら正妻を意味する呼び名でも呼ばれたのである。ちなみに、このうち「御上様」については、「おうえさま」と呼んだことがわかる（『駒井日記』文禄三年四月二十一日条など）。

なかでも、慶長四年（一五九九）に秀頼が羽柴家当主となってから、「北政所」木下（杉原）寧々とともに「両御台様」と呼ばれている（『千秋文庫所蔵佐竹古文書』一四五号）。これは、秀吉の死後、その後室として存在したのが、寧々と茶々の二人であったことを示している。もともと茶々は、鶴松を産んでからは、秀吉の正妻のなかでの序列は、寧々に次ぐものとなっていた。この序列は、秀頼が当主になってからも変わることはなかったが、ともかくもこの二人が、秀吉後室として存在するようになっていた。

そして茶々は、また秀頼が当主になってからも、それまでと同じく、当主秀頼の母あるいは秀吉後室として、「御袋様」「御上様」「御台所」と呼ばれ続けている。ちなみに「御台所」は将軍の妻の呼び名ではないのか、と思われる方も多いであろう。しかしそれは、その事例が多いというだけで、本来は貴人の妻への呼び名の一つにすぎない。また秀吉は、生前から「秀吉将軍」などと呼ばれてもいて、武家政権の首長とみなされていたから、その妻が「御台所」と呼ばれても、まったく不思議ではないのである。

このように茶々は、秀吉の妻になってからは、その立場や居所で呼ばれ、その呼ばれ方には多くの種類があった。その茶々を、現代の歴史叙述において特定の呼び名で呼んでしまうことは、その存在を表現するうえでは充分なものとはならないであろう。したがって、茶々については、本名であるその名で呼び、表記するのが適切と考える。そのため本書では、茶々の名で表記するのである。

秀吉の妻になるまで

茶々は、よく知られているように、近江北部の戦国大名（もしくは有力国衆）の浅井長政の長女で、母は織田信長の妹の市である。信長の姪にあたり、とくに実家の浅井家が滅亡した後は、茶々は織田家一族の一人として存在するようになる。このことが、その後の人生において大きな意味を持ってくることになる。

茶々が生まれたのは、永禄十二年（一五六九）のことであった。ただし、このことはかつては自明のことではなかった。二十年より少し以前に、井上安代氏によって確定されたものである（『豊臣秀頼』）。元和元年（一六一五）五月八日に、大坂夏の陣により、大坂城で死去するが、享年は四十七となる。誕生後は父長政の本拠、小谷城で成長していったが、五歳

（数え。以下も同じ）の時の天正元年（一五七三）、浅井家は織田信長によって滅ぼされてしまう。これによって茶々は、早くも実家を失うことになっている。

　浅井家の滅亡後は、母市と妹二人とともに、伯父の信長の庇護をうけるようになる。一般的には、信長の弟上野介信兼に預けられたといわれることが多いが、これは違うようである。「渓心院文」という史料から、信長の叔父で、尾張国守山城主の織田信次に預けられたとみるのが正しいようで、当初は守山城で生活したとみなされる（宮本義己『誰も知らなかった江』）。なお「渓心院文」というのは、茶々の妹初（常高院殿）ゆかりの江戸城大奥の老女渓心院の覚書になる。以下、この「渓心院文」に関しては、宮本氏の著書をもとにしていく。

　しかし、信次が天正二年（一五七四）に戦死してしまったため、その後は信長に引き取られて、母・妹ともども、当時、信長が本拠としていた美濃国岐阜城に移ったとみられている。信長は、同四年に近江国安土城に移り、岐阜城は、織田家当主となっていたその長男信忠が継承するが、茶々らはその時から信忠の庇護をうけることになり、そのまま岐阜城で生活したとみられている。

　ところが、同十年（一五八二）六月、本能寺の変により、「天下人」信長とその嫡子で織田家当主信忠がともに死を遂げた。織田政権は、信忠の嫡子三法師（のち秀信）を当主に据え、岐阜城は信長三男の信孝の居城とされた。しかしその後、政権内で主導権をめぐる抗争が展開し、信長次男の信雄を支持する羽柴秀吉らと、信孝を支持する柴田勝家らに分裂した。そのなかで秀吉は、三法師を当主から下ろして、信雄を当主にすえ、また信孝は、十月・十一月頃に、叔母の市を柴田勝家に嫁がせた。

こうして茶々の母市は、織田家宿老の柴田勝家に再嫁することになり、岐阜城で婚儀をあげたうえで、勝家の本拠の越前国北庄城に移っていき、娘の茶々らもそれにしたがって北庄城に入った。しかし翌十一年四月、秀吉と勝家が対戦した賤ヶ岳合戦の結果、北庄城は落城、柴田勝家は市とともに自害した。茶々ら姉妹は、今度は秀吉に庇護されることになり、安土城に置かれたとみられている。その後、当主信雄と「後見」秀吉との間で政治対立が展開すると、信雄は末妹の「ごう（江もしくは督）」を引き取り、配下の佐治信吉（いわゆる一成）に嫁がせたとみられている（宮本義己『誰も知らなかった江』）。

これに対して茶々と長妹の初は、当初から秀吉の庇護をうけていたとみられている。それは母市の要請であったという。秀吉は茶々らを引き取った直後に、茶々に使いを出し、その趣旨は「私（御主）と一緒になっていただきたい」というものであった。茶々は十五歳（史料表記は「十三」だが誤り）であったが、「御知恵よく、御内証無沙汰の様子、御聞き及びも御座候ゆえ」と、知恵も廻り、秀吉の内意は決定ではないと聞いていたので、斯様に御親なしになりまいらせられ、御頼みなされ候うえは、如何様にも御指図次第なら、先ず御妹様方を御在り付けまし給わり候え、そのうえにて御主様（秀吉）の御事はともかくもと給わられ（候か）、

と、「このように親なしになって、秀吉を頼みにするからには、どのようにも秀吉の指図通りにするが、先に妹たちの縁組みを調えていただき、そのうえで秀吉とのことはどのようにでもしていただきたい」と返事したという（「渓心院文」）。

ここからは、茶々が賤ヶ岳合戦後、秀吉に引き取られるとすぐに、秀吉の妻に迎えられることになっていたことがわかる。この秀吉からの要請に対して、茶々は、まだ十五歳であったものの、知恵が廻った人物であったらしく、秀吉の申し出をうけいれるかわりに、先に妹たちの縁組みを取り計らうことを要請している。茶々は長女として、まずは妹の立場の安定を図ったものととらえられるであろう。茶々は決して凡庸な人物ではなく、むしろ賢い部類にあったことがわかる。

また、茶々がここで、親のない身となってしまったので、これからは秀吉を頼るしかない、と述べていることは重要である。茶々の人生を考えるにあたって、この「親がいない」とい

うことが、その後の人生を決定的に規定した、極めて重要なキーワードとして受けとめられるからである。

その後すぐに、秀吉は主人信雄と政治対立を展開するようになり、同十二年（一五八四）の小牧・長久手合戦で、信雄に勝利したことにより、合戦後に「天下人」となって、織田政権に代わる、自身を主宰者とする羽柴政権を樹立することになる。さらに同十三年七月には関白に任官して、羽柴政権のかたちを確立させる。その間、秀吉は安土城を廃城としていて、それにともなって茶々と初は、秀吉の本拠大坂城に引き取られたとみられている。

茶々は、秀吉から妻になるようにという要請に対して、妹の縁組みを優先してもらえるように依頼していた。初は京極高次と婚姻するが、その時期は明確ではない。ただ、天正十二年に、高次は秀吉の直臣に取り立てられ、所領を与えられているので、それと同時のことと推測されている。また「ごう」は、小牧・長久手合戦後に、秀吉によって佐治信吉とは離婚させられ、同十三年十月に、秀吉の甥小吉秀勝に再嫁した可能性が高いとみられている（『兼見卿記』）。そうすると茶々が、正式に秀吉の妻になったのは、その後のことであった可能性が高いことになろう。

茶々と秀吉との婚姻時期について、正確なところはまだ明らかではない。現在、確認される最初は、同十四年十月一日のことである（『言経卿記』）。なお福田千鶴氏は、堀秀政書状

（「リスボン図書館所蔵文書」）をもとに、同十三年閏八月から翌十四年正月までの間とする推測を示している。ただしそこでは、堀秀政が「羽柴左衛門督（さえもんのかみ）」を称していて、これを同十四年正月の侍従（じじゅう）任官以前とみることを前提としている。しかし秀政は、同十八年に死去するまで、通称として「羽柴左衛門督」を称していたから、この前提は成立しない。したがって、同文書が秀吉の婚姻に関わる文書かどうかも定かではない。

秀吉の妻から秀頼の母へ

茶々は、遅くても天正十四年（一五八六）十月一日までには、秀吉と婚姻し、その妻の一人とされていた。しかし、その動向がよく確認されるようになるのは、秀吉の子を懐妊してからのことで、同十六年十月に、秀吉によって、羽柴政権の京都における本拠であった聚楽（じゅらく）第（てい）から、摂津国茨木城に移され、その後しばらくは同城で過ごすことになる（『太閤書信』六三号）。そして、出産が近づいた同十七年の三月か四月頃に、茶々と生まれてくる子のために大改築された淀城に移され、五月二十七日に長男鶴松（当初は棄丸）を出産した。茶々は二十一歳であった。

同年（一五八九）八月、鶴松は大坂城に移され、茶々も同様とみられている。その後、同十八年二月に鶴松は聚楽第に移り、続いて茶々も同所に移っている。同年五月には、茶々は秀吉から小田原陣に呼び寄せられ、七月に聚楽第に戻っている。その直後の八月十六日、朝廷から秀吉の陣中留守の見舞が贈られるが、その順番は、秀吉母の大政所、秀吉正妻筆頭の北政所寧々、秀吉嫡子の鶴松、そして鶴松生母の茶々、の順であった（『御湯殿上日記』）。ここに茶々が、秀吉の妻のなかでは、筆頭の寧々に次ぐ地位にあり、また羽柴家を主宰する側に位置付けられるようになっていたことがわかる。

茶々は、これからしばらくの間、鶴松ともども聚楽第に居住するが、小田原合戦の時期までは、まだ「淀のもの」「淀の女房」とも呼ばれていた。すでに淀城から離れて一年以上経っているにもかかわらずである。これが、かつて淀城にいたからだけであったのか、それとも茶々の本拠として淀城が認識されていたことによるのか、明確にならない。しかしいずれにしろ、茶々はこの後、「淀」を冠されて呼ばれることはなくなっていく。

また茶々は、小田原陣中にあった五月から、翌同十九年正月にかけて、「大坂殿」と呼ばれていた。これについては、聚楽第への居住は小田原合戦にともなう仮のものであり、茶々と鶴松の本来的な本拠は、大坂城と認識できることが指摘されている（福田千鶴『淀殿』）。

鶴松は病気がちで、同十九年七月に、茶々と鶴松を聚楽第から大坂城に戻すことになり、途中の淀城に滞在した。そこで鶴松の体調が悪くなったので、そのまま淀城に滞在し続けた

豊臣秀頼像（養源院蔵）

ところ、八月五日、鶴松はあえなく死去してしまった。わずか三歳であった。そして茶々については、鶴松死去後、どこに居住したのかは確認されていないが、大坂城に移った可能性が高いであろう。

秀吉は、鶴松死去にともなって、家督を甥の秀次に譲り、聚楽第も秀次に譲って、自身は寧々ともども大坂城に移った。そして翌文禄元年（一五九二）三月から、朝鮮出兵にともなって肥前国名護屋城に在城した。その際、茶々もこれに同行している。ここで茶々は、秀吉正妻の扱いをうけていることが確認され、鶴松死去によっても、その立場に変化はなかったことがわかっている。

そうして同年のうちに再び懐妊し、翌同二年五月までに大坂城に戻った。以後は二の丸に居住したことが確認され、「二の丸様」と呼ばれている。そして、八月三日に次男秀頼（幼名は拾丸）を出産する。もっともこの時点で、秀頼の羽柴家後継者の地位は確定されていない。すでに羽柴家当主は秀次に譲られていたからである。しかし、その後の政治史は、羽柴家の将来像をどう描くかという観点から展開していき、最終的には、同四年七月、秀次切腹事件として結実することになるが、ここでその経緯について触れる必要はないであろう。

その間の文禄三年十一月、茶々と秀頼は大坂城二の丸から、秀吉の京都における本拠として築城された伏見城（指月城）の西の丸に移り、茶々はその後「西の丸様」と呼ばれている。そうして秀次没落後は、秀頼が秀吉後継者の地位を確立することになる。そのうえで秀吉は、自身に次ぐものとして秀頼を位置付け、それに続けて寧々、茶々を位置付けている。このことは茶々が、寧々とともに、羽柴政権の正妻としてそれを主宰する側に位置し続けていることを示している。

慶長元年（一五九六）五月、秀頼は初参内し、この頃から実名「秀頼」を名乗るようになる。同年十一月、茶々と秀頼は、伏見城の地震による倒壊をうけて、大坂城に移るが、翌同二年五月には、新造なった伏見木幡山城の西の丸に移っている。そして同年八月に、聚楽第に代わる羽柴政権の京都における本拠として「京都新城」が竣工し、それをうけて九月に秀頼は同屋敷に入ったうえで、参内して、元服し、仮名は父秀吉のそれを踏襲して「藤吉郎」を称し、従四位下・左近衛権少将に叙任され、次いで同中将に昇進している。ここに秀頼の、秀吉後継者としての地位は明確になった。

同三年（一五九八）四月には、従二位・権中納言に昇進する。官職としては、内大臣徳川家康、大納言前田利家に次ぎ、同じ中納言には小早川秀秋・徳川秀忠・織田秀信・宇喜多秀家・上杉景勝・毛利輝元がいたが、彼らの位階は従三位であったから、秀頼は別格の立場にあることがわかる。しかし八月十八日、「太閤」秀吉が死去した。この時、秀頼はまだ六歳にすぎなかったため、当然ながら政務を執ることはできず、成人までの政務体制として、遺言により、いわゆる「五大老・五奉行制」が組織されることになる。また秀頼は、大坂城を本拠とすることが決められた。

そして翌慶長四年（一五九九）正月に、秀頼は正式に羽柴家の家督を継承し、本拠を大坂城に移した。その際に、同城の勤番体制が定められ、秀頼に直接に言上できるものとして、「五大老・五奉行」と、徳川家康嫡子秀忠、前田利家嫡子利長、それに石川備前守光吉（大谷吉継の妹婿）・石田木工頭正澄（三成の兄）・石川掃部介一宗（宇多頼忠の娘婿、石田三成とは相婿）、そして片桐且元であった。また、詰番衆は二番が編成され、その番頭は杉原伯耆守長房（寧々の伯父杉原家次の子）と大野修理大夫治長（茶々の乳母大蔵卿局の長男）であった（『新修徳川家康文書の研究第二輯』）。

これらが秀頼を直接に支えることになった人々といえる。このうち、石川光吉以下の四名について、福田千鶴氏は「秀頼四人衆」と仮称している（『豊臣秀頼』）。これは四人が、「五大老・五奉行」とその後継者とは別に、秀頼付きの重臣として位置したことを意味している。

そしてここに、片桐且元が加えられることになったのである。これ以後、且元は秀頼の重臣として、それを支えていくことになる。

その後、翌年の関ヶ原合戦にいたるまで、政権内では権力闘争が激しく展開されるが、ここでその経緯を詳しくみる必要はないであろう。慶長四年のうちに、「大老」筆頭の徳川家康が、伏見城に入城して事実上の「天下人」の地位につき、次いで大坂城西の丸に入って秀頼との政治的一体化を遂げて、単独による執政体制を確立させている。そうして慶長五年を迎えて、「大老」上杉景勝を謀叛によるとして討伐軍を発向させ、関ヶ原合戦へといたることになる。この時、茶々は三十二歳になっていた。

秀吉時代の片桐且元

では、本書におけるもう一人の主役となる片桐且元は、どのような経歴にあったのであろうか。

且元は、浅井長政の家臣であった片桐孫右衛門尉直貞の長男で、弘治二年（一五五六）の生まれである。茶々よりも十三歳の年上にあたり、大坂夏の陣終結直後の元和元年（一六一五）五月二十八日、京都で死去した。茶々と秀頼が大坂城で自害してから二十日後のことで

片桐且元像（慈光院蔵）

あった。享年は六十。

天正元年（一五七三）に、主家の浅井家が滅亡するが、父の直貞は最後まで浅井長政に仕えた家臣の一人であった。この時、且元は十八歳であったから、すでに元服はすませていたと思われる。且元は仮名を「助作」といい、実名は初め「直盛」といった。その後、「直倫」を名乗り、さらに「且元」を名乗るが、それはおおよそ関ヶ原合戦前後頃のこととみられている。

浅井家の滅亡後、その領国は羽柴秀吉が支配することになり、且元は、それにともなって秀吉に仕えたとみられている。ただし、且元が秀吉の家臣として確認できるようになるのは、天正十年（一五八二）の本能寺の変後のことになる。且元は、秀吉の近習衆（きんじゅうしゅう）、次いで馬廻衆（うままわりしゅう）として存在し、同十一年の賤ヶ岳合戦で戦功をあげ、所領三〇〇〇石を与えられている（『豊臣秀吉文書集』七一七号）。この合戦での評判が、いわゆる「賤ヶ岳の七本鑓（しちほんやり）」として且元の名を著名にした。

秀吉はその後、同十二年の小牧・長久手合戦に勝利して、「天下人」となって、織田政権に代わって羽柴政権を樹立し、同十三年七月に関白に任官した。そして十月に参内するにあたって、供奉（ぐぶ）させる家臣を、従五位下とそれに相応する官職に叙任して「諸大夫（しょだいぶ）」とした。そのなかの一人に且元があり、従五位下・東市正（いちのかみ）に叙任されている。この時の実名は「直盛」で、この叙任については十月六日付けで口宣案（くぜんあん）が残されている（『武家文書の研究と目録（上）』二四九・二五〇号）。

この後、且元は、九州出陣では戦争物資の供給にあたったり、丹波国検地で検地奉行を務めているなど、奉行的な役割を果たしている。同十八年の小田原合戦では、馬廻衆の一人として従軍し、一五〇人の家臣を動員している（『伊達家文書』四八七号）。ここから推測されるこの時の且元の所領高は、九〇〇〇石（一〇〇石五人役の三分一役）となる。ただし、且元の所領高は四二〇〇石であることが後にわかるので、そうすると且元ら馬廻衆は一〇〇石十人役であったのかもしれない。あるいは与力・同心の所領分を加えられた数字であったかもしれない。それはともかくとして、同じ「賤ヶ岳の七本鑓」であった福島正則は一九〇〇人（所領高は一一万四〇〇〇石か）、同じ浅井家旧臣出身の石田三成は一五〇〇人（所領高は九万石か）であったから、且元の位置は、多くいる秀吉側近の一人といったものであったことがわかる。

その後も且元は、小田原合戦のなかでは、関東の占領政策や、紀伊国高野山領の検地、出羽国の検地にあたり、また文禄元年（一五九二）からの朝鮮出兵では、秀吉の九州出陣の準備や、朝鮮に渡海した際の、日本軍の補給路の確保などにあたっている。同二年後半に朝鮮から帰国した後は、摂津国・河内国・丹波国などで検地奉行を務めた。そして、同四年（一五九五）八月十七日に、秀吉から所領五八〇〇石を加増されて、それまでの四二〇〇石に加え、一万石の所領を有するようになっている（「譜牒余録」）。もっとも、すでに福島正則・加藤清正・石田三成らはいずれも、二十万石前後を領知する領国大名の立場を与えられていたから、それらと比べると、やはり且元は、数いる秀吉近臣の一人といったものであり、その立場は変わることはなかった。

そして、慶長四年（一五九九）正月、新たな羽柴家当主になった秀頼が、本拠を大坂城に移したのにともない、その勤番体制が組織されると、且元は「秀頼四人衆」の一員とされて、秀頼の重臣としての立場を与えられることになった。こうして翌年の関ヶ原合戦を迎えることになる。この時、且元は四十五歳であった。

茶々・秀頼から且元への文書群

茶々と秀頼から片桐且元に送られた文書は、江戸時代、且元の子孫にあたり江戸幕府旗本になっていた片桐家に伝えられた。しかし残念なことに、それらの原本は現在、伝えられておらず、江戸時代に作成された写本類に収録された写文書によって、その内容を知ることができるものとなる。それらの写本類は、いくつかが存在しているが、収録されている点数の多さ、写本としての質の良さなどの観点から、代表的なものとして以下にあげる四本が注目される。

Ⅰ　国立公文書館所蔵「譜牒余録」巻五七
Ⅱ　国立国会図書館所蔵「集古文書」巻七七
Ⅲ　国立公文書館所蔵「部類文書」巻四
Ⅳ　東京大学史料編纂所架蔵謄写本「片桐旧記写」

もっとも厄介なことに、そのいずれもがすべての文書を収録しているのではないのである。さらにいずれも写本であるため、字句などに相互の異同がいくつか存在しているなど、どれか一つを底本にすることができないのである。そのため、それらの文書を扱うにあたっては、各写本に収録されているものを、互いに参照しつつ、できるだけ当時の文面に近い状態を想定していくことが必要になってくる。

実際にその作業については、以下の本文のなかで順次すすめていくことになるが、それらの書状類は、全部で七通の存在が確認される。まずは各写本にどの文書が収録されているのか、その状況を確認することから始めたい。その際、同じ文書であることがわかるように、本文で取り上げる順番をもとに①〜⑦の番号によって示すことにする。

Ⅰ　国立公文書館所蔵「譜牒余録」巻五七

江戸時代前期の貞享元年（一六八四）に、江戸幕府が各大名・旗本から進上させた系譜をまとめたもので、その五十七冊目に、「片桐又七郎」が貞享元年七月朔日付けで作成、進上したものが収められている（『譜牒余録　中』国立公文書館、一九七四年、七八三〜八二四頁）。作成者の片桐又七郎は、且元の次男為元の次男、すなわち且元の孫の且昭で、この時の片桐家の当主にあたる。そこには、且元が羽柴秀吉から与えられた朱印状をはじめとする家伝文書が収録されているが、そのなかに以下の茶々・秀頼からの文書が収められている。

⑤（慶長十九年九月）二十六日付いちゃ殿宛茶々消息写
⑦（年月日欠）茶々条書写

⑥慶長十九年九月二十六日付いちの正殿宛茶々起請文写
③（慶長十九年）九月二十五日付片桐市正殿宛秀頼書状写
④（慶長十九年）九月二十五日付片桐市正殿宛秀頼書状写

ちなみのそれらのうち、秀頼のものについては「秀頼公御書　二通」と、茶々のものにつ
いては「淀殿御状・御誓詞・御書付」と名付けられている。

Ⅱ　国立国会図書館所蔵「集古文書」巻七七
江戸時代後期に江戸幕府老中を務めた松平定信（一七五八〜一八二九）が中心になって編纂した古代・中世・近世初期の文書集で、七十七冊目に、以下の茶々・秀頼からの文書が収められている。いずれも「片桐家蔵」として収められている。

③（慶長十九年）九月二十五日付片桐市正殿宛秀頼書状写
④（慶長十九年）九月二十五日付片桐市正殿宛秀頼書状写
⑤（慶長十九年九月）二十六日付いち殿宛茶々消息写
⑥慶長十九年九月二十六日付いちの正殿宛茶々起請文写

①（年未詳）二月二十六日付いちのかみ宛茶々消息写
②（年月日未詳）いもし宛茶々消息写

ちなみにこれらのうち、最初の二通については「豊臣秀頼書」と、その他については「淀殿文」と記されている。

Ⅲ　国立公文書館所蔵「部類文書」巻四

「集古文書」の抄出写本とみられるもので、その四冊目に、「淀殿御親子様より片桐市正殿へ与うる書牘　片桐家蔵」として、以下の茶々からの文書がおさめられている。

②（年月日未詳）いもし宛茶々消息写
⑤（慶長十九年九月）二十六日付いち殿宛茶々消息写
⑥慶長十九年九月二十六日付いちの正殿宛茶々起請文写
①（年未詳）二月二十六日付いちのかみ宛茶々消息写

Ⅳ　東京大学史料編纂所架蔵謄写本「片桐旧記写」

片桐家で伝来文書をまとめたものを、明治二十年（一八八七）に当時の修史局が謄写したものである。そこには以下の茶々・秀頼からの文書がおさめられている。

③（慶長十九年）九月二十五日付片桐市正殿宛秀頼書状写〔但し日付を「二十九日」と誤写〕
④（慶長十九年）九月二十五日付片桐市正殿宛秀頼書状写〔但し日付を「二十九日」と誤写〕
⑤（慶長十九年九月）二十六日付いち殿宛茶々消息写
⑥慶長十九年九月二十六日付いちの正殿宛茶々起請文写
①（年未詳）二月二十六日付いちのかみ宛茶々消息写〔但し日付を「廿二日」、差し出し部分を「ちや〳〵」、宛名を「いち殿」と誤写〕

これらのうち、秀頼からの書状については「秀頼公御直書」「同君御書」と記し、茶々からの書状については「秀頼公御母堂淀君之御筆」「淀君御書」「同君御文」と記している。ここでは茶々について、Ⅰからⅲまでの写本においては「淀殿」と記されていたのに対して「淀君」となっている。「淀君」の呼称は、江戸時代後期頃から普及したものであるから、これがその影響をうけたものであることがうかがわれる。

茶々・秀頼からの七通の文書

これらの写本史料から、茶々・秀頼が片桐且元に出した文書としては、以下の七通が存在していたことが確認できる。

①（年未詳）二月二十六日付いちのかみ宛茶々消息写
②（年月日未詳）いもし宛茶々消息写
③（慶長十九年）九月二十五日付片桐市正殿宛秀頼書状写
④（慶長十九年）九月二十五日付片桐市正殿宛秀頼書状写
⑤（慶長十九年九月）二十六日付いち殿宛茶々消息写
⑥慶長十九年九月二十六日付いちの正殿宛茶々起請文写
⑦（年月日欠）茶々条書写

七通の内訳については、茶々のものが五通、秀頼のものが二通、という具合になる。これらのうち、史料集に掲載されているのは、③〜⑦の五通であり、『大日本史料十二編十四冊』

一一〇九〜一一一三頁に、まとめて収録されている。しかし、①②については、現在のところ活字史料はないようである。もっとも①については、「片桐旧記写」所収のものが、『大日本史料十二編十五冊』三三頁に収録されているが、原史料通りに欠損部分が多く、文意をとれないものとなっている。そうしたことのためであろうか、この二通に関しては、これまで茶々や片桐且元について著された書籍でも、利用されていないものとなっている。

またそれらが出された時期についてみてみると、①②は、後に検討するように、慶長五年（一六〇〇）の関ヶ原合戦よりも後のものであるか、それからさほど時期が経っていないもの、すなわち関ヶ原合戦直後の時期のものとみられ、残る③〜⑦の五通は、慶長十九年（一六一四）九月に片桐且元が大坂城から退去する時期のものになる。且元の大坂城退出が、その直後から展開された大坂の陣の開戦をもたらすことになるので、これらの文書は、まず関ヶ原合戦直後、そして大坂の陣直前という、いずれも茶々と秀頼にとって、大きな節目にあたる時期におけるものといえる。

文書を伝えた片桐家の思惑

これらの文書は、後の時代に、片桐家が子孫に伝来すべきものとして残した結果、先に挙げたような写本類に収録されたことで、写本ではあるが、現在のわれわれも、その存在を知ることができている。いうまでもなく、茶々と秀頼から且元に出された文書は、おそらくこれらに限られないであろう。そうすると片桐家では、これらの文書のみを、後世に残そうとしたことになる。

もちろん、その理由までは明らかにならない。しかし、それらの内容を勘案すると、ある程度の推測は可能なように思われる。①②について、詳しくは後にみるが、内容は、関ヶ原合戦直後、茶々がひたすらに且元を頼みとするものであった。③から⑦については、羽柴家と江戸幕府との政治関係が緊迫した状態にあったなかで、且元がそれへの対応をめぐって茶々・秀頼と対立し、やがては羽柴家から退去するまでの時期に出されたもので、茶々と秀頼は、何とか且元を翻意させようと、且元が頼りであることなどを訴えかけたものであった。

結果として片桐且元は、主君であった茶々・秀頼を見限り、徳川家に仕えることになる。且元の行為は、羽柴家からすれば「謀叛・裏切り」行為にほかならない。しかも且元の退去が、羽柴家を滅亡に追いやる大坂の陣開戦のきっかけを成したことからすると、且元の「裏切り」が、羽柴家の滅亡をもたらした一因であったことは確かであろう。しかし且元は、いわゆる「賤ヶ岳の七本鑓」の一人として、早い時期から羽柴秀吉を支えた譜代家臣であった。片桐家は、まさに秀吉に奉公することで、「家」として確立し、有力な政治的地位を得たのであった。その片桐家が、「裏切り」によって羽柴家を滅亡に追いやる結果になってしまったことに対して、且元とその子孫は、且元が決して私的な利益のために羽柴家から退去したのではなく、茶々・秀頼からは、退去を慰留され、最後まで頼りにされていたことを主張できるように、それらの文書を残そうとしたのではなかったか、と思われるのである。

理由はともあれ、片桐家が残そうとしたこれらの文書は、片桐家の歴史を語るにあたって重要な証拠と考えられたものであったことは確かであろう。そして、そのことは同時に、当時における茶々・秀頼と片桐且元との関係を知るうえで、何よりも重要な史料ともなる。とりわけ関ヶ原合戦後においては、且元は羽柴家の家老として、まさに筆頭家臣の地位にあった存在であった。いうなれば、関ヶ原合戦後から大坂の陣までの時期の羽柴家は、事実上の家長であった茶々と、筆頭家臣であった且元とによって運営されていたのである。

その際に、茶々は且元のことをどのように認識していたのであろうか。そして、そのようにともに羽柴家を背負ってきた間柄にあった且元との間で、政治対立が生じてしまったことを、どのように認識していたのであろうか。これらの文書は、そうしたことを如実に伝えてくれる希有な史料といえるであろう。それらはさらに、関ヶ原合戦後から大坂の陣までの時期における、茶々の存在、あるいは羽柴家の存在を考えるうえでも重要な史料となる。以下の章では、各文書を読み込むことで、それらの内容に迫っていくことにしたい。

第二章　関ヶ原合戦後の茶々・秀頼の立場

慶長五年九月十五日（関ヶ原合戦）〜
慶長六年三月（家康、伏見城を政権本拠とする）

徳川家康の政権執政への復帰

慶長五年（一六〇〇）九月十五日、美濃関ヶ原において、羽柴政権を二分しての、空前の大合戦となった、いわゆる関ヶ原合戦が行われた。合戦の結果、「大老」筆頭の徳川家康を総帥とする江戸方が勝利し、「大老」毛利輝元を総帥にした大坂方は敗北した。大坂方の戦場での大将であった「大老」宇喜多秀家、さらに大坂方の首謀者であった奉行石田三成らは逃亡（三成は二十一日に捕縛、次いで処刑される）、もう一人の首謀者の奉行大谷吉継は戦死するなど、大坂方の大敗であった。

勝利した徳川家康は、大坂城に向けて進軍、十七日に石田三成の本拠近江国佐和山城を攻略し、その日に江戸方大名の福島正則・黒田長政に命じて、大坂城の毛利輝元に、輝元に対して疎略にしない意向にあることを伝えさせている（『毛利家文書』一〇二二号）。輝元は大坂方総帥として、大坂城西の丸に在城していた。西の丸には、その直前まで、政権執政にして「天下人」の地位にあった家康が在城していたのであり、石田三成・大谷吉継の挙兵に呼応した毛利勢が、家康留守居衆を追放して、同城を占拠していたものであった。ここで家康が輝元に対して、疎略にしない意向を示しているのは、輝元を穏便に西の丸から退去させるためであった。

　これをうけた輝元は十九日、福島正則・黒田長政に宛てて、家康宿老の井伊直政・本多忠勝から領国安堵の起請文を出されたことについて感謝を示し（『毛利家文書』一〇二三号）、二十二日付けで、福島・黒田両名宛の起請文、井伊直政・本多忠勝宛の起請文、そして江戸方大名の池田照政（のち輝政）と井伊直政・本多忠勝宛の起請文を作成し、家康からの領国安堵を謝するとともに、大坂城西の丸を家康に明け渡すことを誓約した（『吉川家文書』一五二号・『毛利家文書』一〇二四～五号）。そして二十五日付けで、江戸方大名の池田照政・福島正則・黒田長政・浅野幸長・藤堂高虎は連署して、輝元に対して、井伊・本多の起請文の内容（輝元への領国安堵）は偽りではないこと、輝元が家康に対して別儀なければ馳走すること、家康は輝元に対して疎略にしないこと、について起請文を作成した（『毛利家文書』一〇二六号）。

徳川家康像（名古屋市博物館蔵）

　このような、江戸方大名の有力者である池田・福島・黒田・浅野・藤堂の仲介によって、輝元は、家康からの領国安堵の意向をうけて、家康への忠節を誓い、在城していた大坂城西の丸から退去することになる。そして二十七日に、家康は大坂城に戻り、本丸において羽柴家当主秀頼に対面し、以後、家康は再び西の丸に在城するとともに、さらに嫡子秀忠が二の丸に在城することになった（中村孝也『家康伝』）。家康は、ほぼ二ヶ月ぶりに政権執政の立場に返り咲いたことになる。

合戦後の茶々の行動

この合戦において、秀頼を後見する茶々の行動がみられるのは、合戦前日にあたる九月十四日、近江大津城の開城講和を成立させた時であった（桑田忠親『豊臣秀吉研究』）。大津城の城主は、茶々の妹初の夫であるとともに、秀吉妻の一人であった京極竜子（きょうごくたつこ）（松の丸殿）の兄の京極高次である。高次は江戸方に味方し、大坂方から攻撃をうけていて、落城寸前の状況にあったなか、京都に在住していた北政所寧々と、大坂城の茶々が、京極竜子救出を名目にして両軍に講和を勧告し、成立させたものであった（跡部信『豊臣政権の権力構造と天皇』）。いわば、羽柴家の親類の地位保全のために、秀吉後室の北政所と茶々が奔走したものとみることができるであろう。

合戦後の動向として知られるのは、二十一日、大津城に滞在していた家康に、秀頼とともに書状を出していることである。すなわち翌二十二日付けで、家康側近の本多正純（ほんだまさずみ）が、江戸留守居衆に宛てた書状のなかで、秀頼と茶々（「御ふくろ様」）から書状が送られてきたことが触れられていて、それによって「大坂城のこと」（「大坂の儀」）も大方数日中には片づくであろうと述べられている（松尾晋一「九州大学所蔵「堀家文書」について」）。もっとも、秀頼からの書状といっても、わずか八歳にすぎなかったから、自身の意志によるものではなく、いうまでもなく茶々の意向によって出されたものに違いない。

書状の中身まではわからないものの、時期や状況から推測すると、合戦での江戸方の勝利の報告をうけたことに応えて、家康の戦勝を祝するものであったことは想像に難くないであろう。それはすなわち、茶々と秀頼が、江戸方と大坂方の抗争に対して、家康支持の態度を示すものであったととらえられる。

関ヶ原合戦は、江戸方・大坂方ともに、「秀頼様御為」を標榜しての抗争であった。すなわち政権内における権力闘争としての性格のものであり、そのため羽柴家当主としての秀頼の地位は、理論的には、双方にとって変わらないものであった。しかし、それらは当事者の認識にすぎなかったともいえる。九月二十七日の家康と秀頼の対面について、例えば、京都の公家である山科言経（やましなときつね）は「秀頼卿と和睦也と云々」と記している。世間ではこの合戦について、家康と羽柴家との対立とみる向きもあったことがうかがわれる。

実際、毛利輝元が家康に代わって大坂城西の丸に在城したことについて、茶々と秀頼はそれに異を称えたわけではなく、容認したものと思われる。茶々の意向としては、政権内部の権力闘争に対して、どちらにも肩入れしないことで、それらから超然とした「羽柴家当主」秀頼の立場を維持しようとしたのだろう。しかし、世間ではそれを、家康への敵対と受けとめていたとしても当然のことであったし、そうであるからこそ、茶々と秀頼は、合戦後ただちに、家康への支持を表明する必要があったともいえる。

またちょうどこの時は、先にみたように、江戸方と大坂城西の丸にいた毛利輝元との間で、輝元の西の丸退去の交渉がすすめられていた。「大坂城のこと」とは、このことを意味しているとみてよいであろう。茶々と秀頼が、そのように家康支持の態度を示したことで、輝元の退去も無難に実現されると考えられたのであろう。実際、その後に輝元はすんなりと退去していくのである。茶々と秀頼が家康支持の態度を示した以上、輝元にとってそれは仕方のないことであったと思われる。

政権運営の在り方の変化

合戦が、理論的には政権内部の権力闘争であったとしても、江戸方の総帥であった徳川家康が勝利したことは、その後の政権の性格に、少なからぬ変化をもたらすことになった。家康が、秀頼に対面した後、大坂城西の丸に復帰したことは、石田・大谷挙兵以前に戻ったにすぎないともいえる。しかし、その立場の在り方は、それまでと比べると大きく異なるものになっていた。西の丸だけでなく、二の丸に家康嫡子の秀忠が在城したのである。いうまでもなく大坂城は、羽柴家の本拠であり、城内に在城できるのは、羽柴家の家族に限られていた。家康が西の丸に在城してからは、政権執政が在城するものとなったが、新たにその嫡子の秀忠が在城するようになったことは、政権運営は徳川家によって行われることを示すものとなった。

徳川秀忠像（松平西福寺蔵）

秀吉死後の政権の執政体制は、いわゆる「五大老・五奉行」であったが、すでに「五大老」のうち、前田利長は家康に屈服しており、ここに石田・大谷に味方した毛利輝元も家康に屈服、宇喜多秀家は没落した。残る上杉景勝も、この時はまだ交戦状態にあったが、やがて家康に屈服してくることになる。「五奉行」のうちでは、すでに石田三成・浅野長政は失脚していたうえ、三成は挙兵により政治復帰したものの、この合戦で没落、石田・大谷に味方した残る三奉行のうち、長束正家は九月三十日に自害し、増田長盛は領知を没収され、高野山に幽閉となり、前田玄以のみが赦されたにすぎなかった。

　秀吉死後の執政体制の「五大老・五奉行」制は完全に崩壊し、執政は「大老」筆頭の徳川家康のみが担うことになった。そしてその政治は、実際には家康の嫡子秀忠をはじめ、その一門・宿老たちがあたっていくことになる。諸大名との取次も、それまでは「五奉行」をはじめとする羽柴家直臣が担っていたのであるが、合戦後は、井伊直政・本多忠勝・本多正信など、家康の宿老が担うようになっていった。これは完全に、政権運営は徳川家によって執り行われたことを示している。

　そのことを象徴する出来事といえるのが、家康・秀忠父子が、合戦後は羽柴名字を称さなくなったことであろう。それまで家康は「羽柴江戸内大臣」、秀忠は「羽柴江戸中納言」、秀忠の庶兄の秀康も「羽柴結城宰相」というように、いずれも羽柴名字を称していた。羽柴名字は、政権主宰者の秀吉・秀次・秀頼といった羽柴家当主の名字であり、秀吉はそれを、旧織田家臣や旧戦国大名など服属してきた有力大名に対して、公家成の身分（従五位下・侍従以上の官職）とともに与えて、羽柴家の「御一家」として、政権内の政治秩序のなかに位置づけていたのである。

羽柴政権のもとでは、各地の有力大名はすべて羽柴名字を称する公家成大名とされて、政権はそれらの大名を統合する体裁がとられていたのである。いわゆる「五大老」の有力大名も、もちろんすべて羽柴名字を称していた。ところが合戦を契機に、「大老」筆頭であり、政権執政であり、諸大名中もっとも政治的地位が高かった徳川家康と、その子秀忠・秀康は、羽柴名字を廃し、本来の徳川名字あるいは松平名字を称するようになったのである（黒田『羽柴を名乗った人々』）。このことが持つ外見的な意味合いは大きいといわねばならない。それまで家康は、羽柴家の「御一家」の一員として、政権執政の立場にあったという体裁がとられていたのであったが、以後は「御一家」を名目にするのではなく、合戦勝利者として、政権執政にあたることを意味するものとなったからである。

家康、領知宛行権を掌握

そのうえで十月にはいると、いまだ一部地域においては戦時体制が継続されていたものの、家康は、合戦で敵方になった大名たちの領知の没収・削減と、味方した大名への領知の加増転封（てんぽう）を行った。そこで対象になったのはすべての大名であり、羽柴家の唯一の一門衆であった小早川秀秋をはじめ、羽柴家譜代の有力大名の福島正則・池田照政（輝政）・浅野幸長・加藤清正・黒田長政らにもわたっていた。この領知宛行について、茶々・秀頼の関与はまったくなく、すべて家康の独断によるものであった。理屈的には、政権運営は家康に任されているので、そこに茶々・秀頼の意向が入る余地はなかったのである。

　こうした家康による諸大名への領知宛行は、石田・大谷が挙兵する以前になる、慶長五年二月の森忠政への信濃川中島領の宛行や、長岡（のちに細川）忠興への豊後杵築領の宛行などがみられていた。石田らは、こうした家康の行為に強く反発して、挙兵に及んだのであった。そうした石田らに勝利した家康にとって、戦後その路線を踏襲するのは至極当然のことであったろう。

　しかし、それだけではなかった。家康は、自身の一門や宿老にも、敵方からの没収地や味方大名の転封後の地の宛行を行った。福島正則が安芸・備後二ヶ国に転じたあとの尾張国には、四男松平忠吉を入れ、改易された石田三成領には宿老井伊直政を入れる、といった具合である。そうして尾張国までの東海道・中山道筋は、徳川家の一門・譜代大名で固められることになり、しかも、それら家康取り立ての大名たちは、それまでの羽柴政権下における大名と同列に位置づけられることになった。

　それまでの諸大名にとって、合戦後は、家康は主人に相当する立場になり、松平秀康や松平忠吉らその一門衆は、自身より上位者になり、そして宿老で領国大名になった井伊直政や本多忠勝らは、自身とまったく対等の大名として存在するようになったのである。もっともこの時の領知宛行において、家康は宛行状を出していない。このことから、この領知宛行は、家康が完全に「天下人」の地位についたわけでないことを意味するととらえられている（藤井譲治『天下人の時代』など）。

いってみれば、この時の家康による領知宛行は正式のものではなく、秀頼の「代行」としてのものであり、そのためこれによって家康と諸大名との間に、ただちに主従関係が成立したわけではない、ということであろう。しかしその一方で、長岡（細川）忠興の場合にみられるように、大名たちにとって、領知を与えてくれたのは家康である、という認識がもたらされていた。決して秀頼からのものとは認識されなかった。合戦の結果、家康が諸大名に対する領知宛行権を掌握したのは、確かなことと考えられる（福田千鶴『豊臣秀頼』）。そうして慶長七年（一六〇二）からは、家康による領知宛行状（佐竹義宣宛、「義宣家譜」『新訂徳川家康文書の研究下巻之二』二一八頁）もみられるようになっていくことになる。

羽柴家譜代大名にとっての秀頼の立場

家康は、合戦での勝利によって、事実上の「天下人」として存在し、諸大名に対して明確な上位者として君臨するようになった。しかしその一方で、羽柴家は存在しており、家康を含めて諸大名は、その家臣として存在していた。

例えば、合戦の前年にあたる慶長四年十月十一日、「大老」毛利輝元の嫡子秀就（ひでなり）は元服して従五位下・侍従に叙任されて公家成するが、実名は羽柴家の通字（とおりじ）「秀」を与えられ、叙任は豊臣姓で行われている。「秀」字は、羽柴家当主の秀頼から与えられたものとみていいであろう。この「秀」字の付与については、その後にもみられたと考えられ、同十一年（一六〇六）五月に越後の国持大名であった堀秀治が死去し、嫡子吉五郎が元服して羽柴名字と実名秀隆を名乗っているので（その後に忠俊に改名）、少なくともその頃までは、羽柴家の譜代大名に対して、羽柴名字と「秀」字の付与が行われていたことがうかがわれる（黒田『羽柴を名乗った人々』）。とくにこうした羽柴家の譜代大名にとって、秀頼は依然として、主人として存在し続けていった。

同じようなことは、彼らの祈禱対象の序列にもみることができる。合戦によって筑後（ちくご）の国（くに）

持大名になった田中吉政は、翌慶長六年正月十四日付けで愛宕山教学院に宛てた文書で、「秀頼様・政所様（寧々）・御上様（茶々）・内府様（家康）・中納言様（秀忠）・結城様（松平秀康）・下野様（同忠吉）・満千代様（武田信吉）御祈禱のため」と記している（『猪熊文書（一）』一四九頁）。ここでは、羽柴家当主の秀頼を筆頭に、秀吉の後家である北政所寧々、次いで秀頼生母の茶々の秀頼家族をあげたうえで、家康とその子秀忠・秀康・忠吉・信吉をあげて、祈禱依頼をしているのである。

ここからは、羽柴家の譜代大名にとって、何よりも祈禱すべきは秀頼家族であることがわかる。しかし同時に、それに続けて家康とその子たちがあげられていることから、彼らにとって、家康とその子たちが、主家同様の存在になっていたことも知ることができる。諸大名にとっては、羽柴家も徳川家も、ともに奉公の対象になっていたことがわかるであろう。

ちなみに、ここで田中吉政は秀頼家族の序列として、秀頼の次に、秀吉後家の北政所寧々をあげて、秀頼生母の茶々についてはその次にあげている。ここから彼らは、秀頼家族についてはそのような序列で認識していたことがわかる。寧々と茶々は、秀吉の死後、周囲からは「両御台様」と称されていた（『千秋文庫所蔵佐竹古文書』一四五号）。二人は対等の、羽柴家の女家長とみなされていたことがわかる。そして、あえて序列をつけるとすれば、秀吉生前から秀吉妻の第一位であった寧々が、そのまま上位に位置づけられていた、ということであったとみられる。

「公儀」と羽柴家の分離

このように、主家として羽柴家が存在している一方で、「天下人」として政務を取り仕切るものとして、徳川家が存在するという、政治的には極めて微妙な情勢が生まれることになった。

こうした情勢を過去に求めれば、織田政権の内部抗争であった天正十一年（一五八三）の近江賤ヶ岳合戦の後、織田家当主として信雄が存在する一方で、その「指南」として政務を取り仕切った羽柴秀吉が存在した状況に類似している。かつて秀吉は、実質的にクーデターによって織田政権に取って代わって政権主宰者となったが、それと同じような状況が、秀吉の死後にも生まれることになったといえるであろう。

ただし、秀吉と織田信雄との場合と異なるのは、家康にとって主人に位置した秀頼が、わずか八歳ということで、政治能力がなかったことであった。そのため政権運営において、家康は何らの制約をうけることなく、独善的に執行することが可能であった。その具体的な内容について、これまでの研究で明らかにされていることのうち、主要なものをいくつかあげておこう。

一つめは、京都・伏見・堺・奈良・伊勢山田など近畿主要都市を直接支配したことである。このことは政権の財政を、家康が管轄するようになったことを意味している。諸大名への領知宛行において、諸国に存在していた羽柴家蔵入地（くらいりち）（いわゆる「太閤蔵入地」、直轄領）についても、諸大名への宛行の対象にしている。羽柴家の蔵入地は、そうした宛行の対象にならなかったものに限定されることになった。

この後における羽柴家の蔵入地の総量については明確にはなっていないが、摂津・河内・和泉三ヶ国内六十五万七四〇〇石余（「落穂集」）の他にも、山城・近江・備中・信濃・美濃・大和・丹波・伊予・伊勢などにわたって、少なくとも二十五万石以上は存在していたようである（福田千鶴『豊臣秀頼』）。とはいっても、かつて二〇〇万石以上が存在していたことと比べれば、大きく減少したものであった。

二つめは、それとも関わることであるが、政権財政と羽柴家の家政とが、明確に分離されたことである。これについては、すでに福田千鶴氏が注目している（『豊臣秀頼』）、関ヶ原合戦で大坂方に味方したため、領知を没収された大名の一人であった立花尚政（宗茂）が、十二月十四日付けの書状で、家臣に上方の情勢を伝えるなかで（「隈部文書」『柳川市史史料編V』一九四頁）、秀頼様衆の分は、申し事一切御聞き入れ候わず候、時々御目見え一篇の由に候、内府様（家康）衆ばかりにて諸篇調えの由に候、それに就き秀頼様御だい所のたき木以下迄、太閤様（秀吉）の時の金銀にて御かい候分にて候由にて候間、その分別有るべく候、とかく井伊兵部（直政）・本田佐渡（正信）両人にて候由にて候、秀頼様衆には小出播磨（秀政）・片切市正（且元）・寺沢志摩（正成）三人にて候由、甲州（黒田長政）申され候、其の外は一切物をも申され候事もならず、ただ公儀一篇の由に候、其の意を得らるべく候、

と、述べている内容がとても興味深い。ここにいう「秀頼様衆」というのは、秀頼に直勤する家臣のことをいっている。いわば、羽柴家の家政を担う家臣たちである。ここでは、彼ら秀頼衆は、家康から言い分を一切聞き入れてもらえず、家康への面会も時々のことであったといい、そして、政権運営は「内府様衆」すなわち家康の家臣によって何ごとも行われていたという。そのため秀頼の台所用の薪にしてから、秀吉が蓄財していた金銀によって購入するような状況にあったという。すなわち、秀頼の生活費は、そうした秀吉の遺産によって賄われるような状態になっていたというのである。

そして家康への取次は、何ごとも家康の宿老の井伊直政・本多正信の二人で担われていたといい、秀頼衆では、小出秀政・片桐且元・寺沢正成の三人のみが、家康に取り次いでもらえるだけであった、と江戸方大名の黒田長政がいっているという。秀頼衆のその他の者は、家康に対してまったくものをいうことができない状況にあり、「公儀」の在り方、すなわち政権の在り方は、それまでとは一変した状況にあった、という。

この立花尚政の認識は、具体的には黒田長政からの情報に基づいたものであったが、おそらくは実状を示しているとみてよいと思われる。これによって、秀頼の台所用についてすら、その財産から支出しなければならなくなっているように、政権財政と羽柴家の家政とが明確に分離されたことが知られる。そしてこのことは、翌慶長六年（一六〇一）三月に、家康が家臣ともども大坂城から退去して、伏見城を政権本拠とし、大坂城は秀頼の持ち城として、同時に秀頼の領知を確定することに繋がっていくことになる。

またここで注目されることは、秀頼の家臣のなかで、家康に接触できたのが、小出秀政・片桐且元・寺沢正成（のち広高）の三人だけであった、ということである。このうち小出秀政は、秀吉の母方の親戚にあたり、天文九年（一五四〇）生まれで、秀吉より三歳年少で、この時は六十一歳であった。和泉岸和田三万石を領していた。なお秀吉との関係については、叔母婿とする説と、叔母を母とする従弟とする説とがあるようであるが、年齢から考えれば、従弟とみるのが妥当のように思われる。それはともかくとして、小出秀政は、秀吉親戚の古参家臣で、秀吉の初期有力家臣「六人衆」の一人であった。

寺沢正成は、永禄六年(一五六三)の生まれで、この時は三十八歳。父の広正は「六人衆」の一人であったが、小出秀政と対立して失脚したという経緯がある。正成は父とは別に直臣に取り立てられていて、肥前唐津(からつ)六万石を領し、父の失脚後は、「六人衆」の役割を継承し、奉行衆の一人として活動していた。肥前長崎奉行を務めるとともに、秀吉死後の薩摩島津家での内紛(庄内の乱)では、家康の指示をうけてその取次を務めているように、家康支持派の一人でもあったとみられる。

小出秀政と片桐且元は、関ヶ原合戦においては明確な家康派であり、寺沢正成もまた、それ以前から家康派であった。家康は彼らのように親しい人物にのみ、接触を許し、その他の秀頼家臣とは接触しなかった、ということになる。なお、このうち寺沢正成は、翌慶長六年二月に肥前天草(あまくさ)内四万石を加増され、十二万石の有力大名とされて、独立した領国大名となって、秀頼衆から離脱することになる。そうしてその後は、秀頼と家康との関係は、小出秀政と片桐且元のみに担われる。さらに小出秀政も、同九年三月に死去してしまい、これによって秀頼と家康との関係は、片桐且元のみが担うものとなっていくのである。

家康、官位執奏権を掌握

三つめは、諸大名や公家衆に対する官位の執奏権を、家康が掌握したことである。家康は慶長五年（一六〇〇）十一月十八日に、嫡子秀忠と四男松平忠吉を内裏に参内させ、それにともなって忠吉を従四位下・侍従に叙任させて、公家成大名にしている（『言経卿記』）。いうまでもなく、この忠吉の叙任は家康の執奏による。参内することができたのは、公家成以上であったから、忠吉の公家成化はそのためのものであった。ここに家康の庶子が、家康の一門衆であることをもって、有力大名の指標であった公家成大名とされているのである。家康の一門衆が、他の諸大名よりも明確に上位に位置づけられたことがわかる。同時に、家康の独断によって、大名の叙任が行われていることもわかる。

なお、この時の参内で、秀忠は大納言の宣下をうけたとする記録がある（『義演准后日記』）。しかし実際に、秀忠が中納言から大納言に昇任するのは、翌六年三月のことであるので、この時に昇任はされていない。しかし、そのように記録されるということは、参内にともなって、秀忠の大納言への昇任が検討されていたことをうかがわせる。これについて家康がどのように判断したのかはわからないが、とりあえずこの時の昇任は見送られることになったのかもしれない。

それはともかくとして、松平忠吉の叙任について口宣案は残されていないものの、おそらく叙任は徳川家の本姓である源姓によって行われたと考えられる。それまでは武家に対する官位叙任は、秀吉生前は秀吉の執奏により、秀吉死後は「五大老・五奉行」の執奏によったと推測され、そこでの姓はすべて「豊臣姓」によって行われていた。このことは現存するこの時期の武家宛の口宣案は、原則として豊臣姓になっていることから確かである。それは秀吉による官位執奏は、「豊臣氏長者」として行われたからと考えられる。

ところが、この松平忠吉の叙任以降、家康の執奏による叙任において、その原則はみられなくなっている。その七日前に徳川家臣の土屋忠直が諸大夫成（従五位下とそれに相応する官職に叙任されること）しているが、源姓で行われており、以後において叙任の際の姓は、羽柴家譜代については豊臣姓でみられるが、そうではない場合にはそれぞれの本姓で行われているのである。このことは公家成以上の叙任についても同様であり、翌慶長六年には、秀頼と秀忠が大納言に昇任するが、秀忠の場合は、源姓で行われた。同七年の福島正則の任少将、某秀弘（羽柴長吉）の叙従四位下は豊臣姓だが、同十年の前田利光（のち利常）・細川忠利の任侍従は源姓で行われている（下村效『日本中世の法と経済』）。

それまでは武家の叙任は、いわば豊臣氏の氏子として、すべて豊臣姓で行われていたことと比べると、羽柴政権の在り方が大きく変化したことが、外見的にも明らかであろう。これは先に触れた羽柴名字の問題とも同調することといえる。羽柴名字・豊臣姓によって武家の叙任を統制していた段階から、大きく崩れるようになっているのである。その中心にいたのが徳川家であった。羽柴名字を廃し、叙任にあたっては本姓を使用することで、それまでの原則が崩れていくようになったといえる。

それだけではなかった。慶長五年十二月十九日には、関白職に九条兼孝が任じられたのである。関白職は、羽柴政権が正式発足して以来、羽柴家当主が独占した官職となっていた。いわば羽柴家の家職として、政権主宰者を荘厳する装置になっていたのであった。秀吉の後をうけた秀次が死去した後も、同職は空席になっていた。秀吉の後継者の秀頼が、成人後に就任することが予定されていたからであろう。その方針は秀吉死後においても、引き継がれていた。

ところが、この関ヶ原合戦後、その方針は撤廃され、もともと関白職に就任する「五摂家」に戻されて、九条兼孝の就任となったのである。これによって、関白職を羽柴家で独占するという、それまでの在り方は崩れた。しかもこれについては、「内府家康公申し沙汰也」（『舜旧記』（しゅんきゅうき））とあるように、家康の取り計らいによるものであった。関白職を羽柴家の独占としてきた方針の撤廃は、家康の意図によるものであったことがわかる。

もっともそれらから、羽柴家当主である秀頼が、まったく排除されたわけでもなかった。しばらくの間、秀頼は独自に家臣を諸大夫成させていて、官位の執奏権を有していたし（ただし慶長十年九月まで）、成人したならば関白職への就任も当然とみられていたからである。しかし、それまでの政権の在り方と比べれば、家康による官位執奏権の掌握と、関白職が羽柴家の独占ではなくなったことは、政権の外観を大きく変えるものであったことに違いない。まさに立花尚政が述べたような、「公儀一篇」のあらわれの一環とみることができるであろう。

家康、羽柴家と距離をおく

このように家康は、関ヶ原合戦での勝利を機にして、政権運営を独占し、事実上の「天下人」として存在するようになった。諸大名への統制、朝廷との関係、さらには諸外国との関係も、すべて家康の判断ですすめられることになった。合戦によって「五大老・五奉行」制が完全に崩壊したことにより、執政にあたることができるのが家康一人のみになった結果であった。そしてそこでは「公儀」と羽柴家との分離がなされ、羽柴家から家康に申し入れができるのは、それまで家康と親しい関係にあった、小出秀政・片桐且元・寺沢正成の三人のみという状態であった。

家康を含めた諸大名の主人として、羽柴家当主の秀頼とその後見役の茶々が存在していたとしても、実質的に政権は家康によって独占して運営される状態になった。それが可能であったのは、秀頼が幼少であり、まだ政治能力がなかったからであった。この後の政治状況は、名目的な主家として存在する羽柴家と、事実上の「天下人」となった家康との関係が、どのように推移するのか、ということになる。こうした微妙な政治情勢にあったことは、家康も充分に自覚していたと思われる。

家康は、合戦後の九月二十七日に大坂城に戻り、秀頼との対面をすませて以来、そのまま大坂城西の丸に在城し、慶長六年（一六〇一）の正月も同所で迎えた。元旦には、前年と同じく、諸大名は主人である秀頼に出仕し、年頭挨拶を行った。ところが、この年の状況は前年までとは異なっていた。本来、諸大名筆頭の家康が、最初に年始の御礼を行うべきであったが、家康は「病気」として、出仕しなかったのである（『当代記』）。そして嫡子の秀忠が、最初に御礼を行った。しかも諸大名についても、領国に在国して上洛をしてこないものが多くいたため、「例年の如くにはあらず」といわれる状況であった（『義演准后日記』）。

正月二十九日に、秀頼への公家・門跡・寺社の惣礼（そうらい）があったが、秀頼の左座には秀忠が着していて、秀頼の後見役を務めていた。本来は、家康が務めるべきものであったが、ここでも家康は「煩い」として出席しなかったのである。もっとも秀忠は、家康の嫡子であるだけではなく、茶々の妹「ごう（江）」（崇源院殿）の婿であり、羽柴家の親類衆の筆頭格の存在であった。何よりも秀吉の遺言によって、娘千が秀頼の妻になることが予定されていて、岳父となるべき人物であったから、ここで秀頼の後見を務めることにはまったく申し分なかったといえる。

公家らはその後、西の丸に向かって、家康への礼を行ったが、家康は病気ということで、秀忠が名代として礼をうけた。その際に取次を務めたのが池田照政（輝政）であった。これについて公家の近衛信尹は、池田照政は秀頼への取次であるべきであり、この場合は家康宿老の本多忠勝・榊原康政・大久保忠隣などが相応しい、として、強い不満をみせている（『三藐院記』）。池田照政は、家康の娘婿であったから、家康と極めて親しい関係にあった大名であるとはいえ、あくまでも羽柴家の家臣であり、家康の家臣ではないから、ここで家康への取次を務めるのはそぐわない、という見解であった。実際にも、この直前の十八日、照政は秀頼の名代として参内していたのである（『言経卿記』）。こうしたところにも、家康と羽柴家との関係が曖昧になりつつある状況がうかがわれる。

家康、政権本拠を伏見に移す

そして三月二十三日、家康はついに大坂城西の丸を出て、伏見城に移り、以後しばらくは同城を「天下の政庁」とした（『義演准后日記』）。翌二十四日には、二の丸にいた秀忠も伏見城に移った（『当代記』）。これらは家臣を引き連れてのものであったから、これによって大坂城に徳川家の人々は一人もいなくなるという、言葉を変えれば〝総移転〟であった。伏見城は、かつて「太閤」時代の秀吉の本拠であり、秀吉死後の政争のなか、慶長四年（一五九九）閏三月、家康は同城に入城して「天下殿」と称されるようになっていた。その後、同年九月に家康は、秀頼との政治的一体化のために大坂城西の丸に移っていたのであったが、ここにきて家康は再び、伏見城を政権本拠としたのである。伏見城は関ヶ原合戦で灰燼（かいじん）に帰していたが、合戦後すぐに再建がすすめられたらしい。このことからすると家康は、合戦直後から、同城で政務をとる意図にあったとみられる。ここにきて、ようやく移転が可能になったため、それを実現したということになろう。

しかし移転したのは、家康ら徳川家の人々だけではなかった。家康は諸大名に対し、大坂屋敷から伏見屋敷への移転を命じたのである。諸大名の大坂屋敷には、政権への人質として妻などが居住していた。彼らについても、伏見に移させるよう命じたのである。それをうけて、諸大名は伏見屋敷に移転していくことになった。ここに政権の本拠は、それまでの大坂から、明確に、家康が在城する伏見へと移されることになったのである。

さらに、この伏見への移転にともなって、秀頼の居城と領知が定められた。家康らが出城した後の大坂城は、秀頼の居城として定められ、秀頼の領知は摂津・河内・和泉三ヶ国内六五万七四〇〇石余と、山城・近江・備中・信濃・美濃・大和・丹波・伊予・伊勢などに存在した旧蔵入地などに限定されることになった。そして、秀頼の付け人、すなわち家老として、片桐且元・小出秀政の二人が決められている（「近藤家文書」『青森県史資料編近世Ⅰ』三〇一号）。

ここで秀頼の居城と領知が確定されているのは、羽柴家の存在が、政権から明確に分離されたことを示している。もちろん羽柴家は、前政権の後継者として、単なる一大名になったわけではなかった。しかし、ただちに政権を担う体制が用意されたわけでもなかった。そして、数日後の二十七日、秀頼は権大納言に昇任される一方で、翌二十八日に秀忠が上洛、二十九日には参内して従二位・権大納言に昇任されている（『当代記』）。秀頼の場合はいうまでもなく参内をともなわないものであり、家康からの執奏である。そしてその直後、秀忠をそれと同官に昇任させている。ちなみに、その口宣案の日付は、前日の二十八日付けになっている。

秀忠は先に触れたように、前年十一月に参内した時に、大納言への昇任が観測されていたが、ここでそれが実現されたことになる。秀頼と秀忠は、ほぼ同時に大納言に昇任されたが、秀頼を一日早い昇任としているのは、秀忠より上位に位置づけ続ける工夫である。それまで両者はともに権中納言で官職は同官であったが、位階は秀頼が従二位、秀忠は従三位で秀頼のほうが上位に位置していた。この時、秀忠が従二位・権大納言となることによって、まったく秀頼と同格になった。しかし、それでは秀頼に対して憚(はばか)りが生じるため、一日ずらして秀頼を先任とすることで調整し、秀頼を立てているのである。

伊達政宗の観測

家康が、大坂城から離れ、伏見城を政権本拠としたうえで、羽柴家を政権から完全に切り離したかのような情勢の変化について、諸大名はどのようにみていたのであろうか。このことに関して、これまでにも必ずといってよいほど引用されてきたのが、陸奥仙台領の伊達政宗が、堺の今井宗薫(いまいそうくん)に宛てた書状である。まず慶長六年四月十八日付けの書状のなかで、秀頼について述べている部分を取り上げよう(「大阪城天守閣所蔵文書」『仙台市史資料編11』一一一三三号）。

大坂の御仕置き、何とも何とも我等など分別には合点申さず候、秀頼様には勿論御気遣いもこれ無き事に候、自然今度不忠を仕り、身上相果て候牢人共など、謀叛をも、時分を以て仕出し候わん事、存ぜざる事に候条、秀頼様も伏見へ移し御申し候事か、さらずば江戸のかたへも、先ず御幼少の間、越し御申し候ては、如何たるべく候や、

ここで政宗は、「大坂についての処置は、とてもとても自分には理解できない、秀頼にも当然ながら配慮はなく、もしかしたら、今回、不忠をしたために身上が尽きた牢人たち（関ヶ原合戦で没落した人々のこと）が、謀叛でもいずれしようとしていることに考えが及んでいないので、秀頼も伏見に移すか、そうでなければ江戸へでも、幼少の期間だけ行かせてはどうだろうか」と述べている。

次に四月二十一日付けの書状のなかで、秀頼について述べている部分を取り上げよう（「歓心寺文書」『仙台市史資料編11』一一三六号）。

惣別我等が願いには、秀頼様御幼少の間は、江戸か（さらずばカ）伏見へ成り共、内府

様御そばにしかと置き申し候て、おとなしく御成人し候わば、その時は何よう内府様御分別次第に御取り立ても御申す事か、又いかに太閤様御子に候共、日本の御置目等、取り行われるべき御人に御座無く候由、内府様御覧届候わば、御国の二、三ヶ国も、又は其の内も進じ候て、なみなみの御進退（にカ）御申し候て能く候わんに、唯今大坂のかたに、ふらりとして置き成され候わば、時分を以て世のいたずら者共出来候て、秀頼様を主などに仕り、謀叛をも仕り候わば、その者共の故に、何も御存じ無く、秀頼様腹を御切り候えば、太閤様亡魂迄の御為も、悪しく御座候かと存じ候、

ここで政宗は、「総じて私の願いは、秀頼が幼少の間は、江戸かさもなければ伏見にでも、家康の側にきちんと置いておいて、何ごともなく成人したならば、その時は家康の考え次第で取り立てるか、又いかに秀吉の子であったとしても、日本の統治を執り行えるような人物ではないと家康が判断したら、領国の二、三ヶ国でも、それより以下でも与えて、分相応の進退にすればいいのに、今のように大坂に力なく置いておくと、いずれ世の悪戯者が出てきて、秀頼を主人にして謀叛でも起きたならば、その者達のために、何も考えてはいないのに、秀頼が腹を切るようなことになれば、秀吉の魂にとっても悪いことになると思う」と述べている。

政情はいまだ、陸奥会津領の上杉景勝、常陸水戸領の佐竹義宣、そして薩摩・大隅の国持大名の島津忠恒（のち家久）は降伏してきておらず、それらへの討伐すら検討されている時期にあった。そのような、いまだ臨戦態勢にあるなかで、政宗は、大坂に関する処置はまったく理解できない、というのである。政宗が危惧しているのは、秀頼をこのまま一人で大坂城に置いたままにしておくと、関ヶ原合戦で敵対して没落した牢人が、いずれ秀頼を担いで謀叛を起こすようなことにもなりかねず、そうなっては秀頼の存続すら危うくなる、ということであった。そのため秀頼については、伏見や江戸など、とにかく家康の側にきちんと置いておくのがいい、といっている。

このように政宗は、家康が政権本拠を伏見に移し、秀頼を大坂城に置いたままになったことを問題にしているのである。しかし家康にとって、政権本拠を伏見に移すことは関ヶ原合戦に勝利した直後からの既定路線であったとみられる。そうすると問題になるのは、秀頼と大坂城の処置にあったことになる。家康が伏見に移るにあたって、秀頼にも大坂城から移るように要請したのかはわからない。ただ、政宗の口調からすると、家康はそうした考えはなかったように見受けられる。だからこそ政宗は、その危険さを強く述べているのであろう。実際にこの政宗の危惧は、これから十三年後に、大坂の陣というかたちで実現化してしまうことになる。

しかし、たとえ申し入れをしていたとしても、秀頼の後見役の茶々や家老の片桐且元がそれを受けいれたとも考えられない。そうして結果として、大坂城を秀頼の居城とし、あわせて秀頼の領知の確定となったのかもしれない。そもそも秀頼自身に判断力があるわけではなかったから、そうなった場合、判断するのは茶々であろう。かりにそうであった場合、茶々はなぜ大坂城からの移転を断ったのか。大坂城から出るということは、その身上についてまったく家康に委ねること、すなわち家康の庇護下に置かれることを意味していよう。茶々としては、将来、秀頼が成人した際には「太閤」秀吉の後継者として、関白に任官し、「天下人」になることを予定しており、そのため居城は引き続き、大坂城しか考えられない、ということであったかもしれない。

秀頼が成人後に「天下人」になる資格をもっていることについては、政宗も認識していたと思われる。だからこそ、せめて成人するまでの幼少の間だけでも、といっているのであろう。しかし茶々には、「天下人」継承予定にある秀頼が、居城を移して、他者の庇護下に入るなど、考えられなかったのかもしれない。

かつて秀吉には、織田政権の内部抗争のなかで、織田家当主となった三法師（織田秀信）をあっさりと廃して、叔父の信雄を当主に擁立、その信雄と対立すると、秀信を庇護下に置いたが、結局は織田家当主として復活はさせなかった、という経緯があった。一度他者の庇護下に入ったら、永久にその影響から抜け出せなくなる、ということを認識していたのかもしれない。

しかし、政宗の見立ては異なっていた。秀頼が家康の側に置かれて無事に成人した場合でも、「天下人」を継承させるかどうかは家康が判断することであり、しかも秀吉の後継者であるからといって、秀頼に日本の統治者としての力量がない、と家康が判断すれば、二、三ヶ国の大名にすればいいし、ともかく器量相応の領知を与えて、家名を存続させればいい、というものであった。政宗は、「天下人」の地位が、織田信長から秀吉に移ったように、それは力量によるものであり、決して前代の後継者がそのまま「天下人」になれるわけではない、との認識があったとみられる。だから、秀頼にその地位を譲るかどうかは、家康の考え次第である、といっているのであろう。

家康、将軍任官を計画

次に取り上げたいのは、蝦夷地松前領の松前慶広の子守広が、伏見に滞在するなかで、国元に上方の情勢を報せた、五月十二日付けの書状である（「近藤家文書」『青森県史資料編近世Ⅰ』三〇一号）。家康が五月九日に伏見から京都にのぼり、十一日に参内したことに続けて、家康が、京都に屋形を構えようとしていて、その屋形ができ上がったなら、後陽成天皇の行幸をうけて、家康は「日本将軍」、すなわち征夷大将軍に就任するとのことだ、ということを伝えている。

ここで何より注目されるのは、すでにこの時点で、家康が将軍に任官して、正式に新政権の樹立を意図していた、とみられることである。すなわち家康は、伏見城を拠点としつつも、それとは別に京都での拠点となる屋形を構築し、そこに後陽成天皇の行幸を仰ぎ、それをうけて征夷大将軍に任官して、羽柴政権に代わって自らを主宰者とした新たな武家政権を樹立することを計画していたのであった。このことは、すでに福田千鶴氏も指摘しているように（『豊臣秀頼』）、極めて重要な事実であろう。

なお、家康が構築しようとしている京都の屋形とは、その後、二条城として実現されるものにあたる。この年（慶長六年）十二月から造営が開始され、二年後の同八年三月に竣工する。しかし実際には、その一ヶ月前に家康は将軍への任官を果たし、二条城に天皇の行幸が行われるのは、家康の死後から十年ほど経った寛永三年（一六二六）のことになる。

それはともかくとして、家康が伏見城に移った後、新政権樹立に向けて行動していたことがわかる。そうであれば、伏見城への移転も当然ながら、その過程でのことであったということになろう。さらに同城の再建は、関ヶ原合戦直後から進められたものであったから、家康は、合戦での勝利をうけて、そのような考えになったとみられるのである。

そうすると、合戦直後から家康や秀忠・秀康が羽柴名字を称さなくなったのも、そうした意図の一環であったことを、あらためて認識できることになろう。

家康、敵対大名を降参させる

しかし、実際に将軍に任官するとなれば、少なくとも、関ヶ原合戦以来の戦時態勢を終息させることが必須になるであろう。先に触れたように、いまだ陸奥会津の上杉景勝、常陸水戸の佐竹義宣、薩摩の島津忠恒と交戦状態にあったからである。このうち上杉景勝については、この時点で和睦の見通しが立つようになっていて、景勝は出家して降参する姿勢を示してきていたことが、この松前守広の書状に記されている。そうして景勝は、七月三日に会津を出立し、八月八日、伏見の家康のもとに出頭してくることになる（児玉彰三郎『上杉景勝』）。そして、領国の大半を没収され、出羽米沢領三十万石のみを安堵される。

佐竹義宣についても、同年四月、隠居の父義重が伏見に上り、家康に出頭して謝罪、これによって赦された。そして、十一月に家康が江戸に下ると、義宣はこれを迎え、出仕した。さらに翌七年（一六〇二）三月七日、義宣はあらためて上洛して、秀頼と家康に御礼を述べた。なお家康に対しては、伏見で御礼したとみてよいが、秀頼に対して御礼したとなると、義宣はそこから、大坂城まで下ったものと思われる。そして、義宣はそのまま伏見に滞在し続け、五月になって出羽秋田領二十万石に転封を命じられ、その後は水戸領の引き渡し、秋田領への入部（にゅうぶ）が行われることになる（渡部景一『佐竹氏物語』）。

一方、島津忠恒については、合戦後から和睦交渉が行われていたが、島津家内部の複雑な政治事情があって、なかなか交渉の進展がみられない状態が続いた。政権側では、忠恒を当主として扱ってきたが、島津家内部では、当主はあくまでも忠恒の伯父で養父の義久のままであった。そのため家康は、義久か忠恒の出頭を求めていたのであるが、義久は、上洛を拒み続けていたのである。慶長七年になって、家康は忠恒に強く出頭を求め、忠恒は義久を説得、反対派を振り切って、九月になってようやく上洛の途についた。そして十月、福島正則の取り成しによって大坂に入った。同年十二月二十五日、家康は江戸から伏見に入ると、忠恒を大坂から召し出し、二十八日、忠恒は伏見城に登城し、ついに家康に出仕して、領国を安堵されるのである（山本博文『島津義弘の賭け』・栄村顕久『島津四兄弟』）。

このように、合戦後も家康と敵対関係にあった大名たちは、上杉景勝が慶長六年八月、佐竹義宣は翌七年三月、島津忠恒は同七年十二月に、ようやくに家康に出頭した。これにより、合戦時からの戦時態勢は完全に終息をみることになり、家康による全大名の統合が果たされることになる。そしてこれをうけて、慶長八年二月十二日に、家康は征夷大将軍に任官し、自身を主宰者とする新たな徳川政権を樹立させるのである。家康が将軍任官を意図してから、ほぼ二年経って、ようやくに実現をみるのであった。

第三章　且元を頼りにする茶々

慶長六年五月（家康、京都に後陽成天皇行幸を迎える新屋形造営を計画）～
慶長十九年三月（秀忠、右大臣に就任。従一位に叙任）

茶々の「気鬱」

さて話を、家康が大坂城を退去して伏見城に移った頃に戻そう。

家康が、将軍任官を見据えて、後陽成天皇の行幸を迎えるための新たな屋形を、京都に造営することの計画が明らかになったのは、伏見城に移ってから二ヶ月後の慶長六年（一六〇一）五月のことであった。その直後といっていい六月十日、茶々は医師曲直瀬玄朔（まなせげんさく）の診療をうけている（『玄朔道三配剤録』）。これを編集した『医学天正記』（『改定史籍集覧第廿六冊』所収）にみえる記載を掲げよう。

秀頼公御母〈御年三十余〉、御気鬱滞、不食、眩暈、快気湯、木香飲也、

この年、茶々は三十三歳であったから、「御年三十余」というのは合っている。症状は、「気鬱」「不食」「眩暈（げんうん）」であった。気鬱により、食事できず、さらに眩暈（めまい）がしていた、ということらしい。この症状に対して曲直瀬玄朔は、「快気湯」と生薬の「木香」を飲ませたことがみえている。

これによってこの時、茶々はいわゆる鬱病に罹っていたことがうかがわれる。ただし、ここには病状だけが記されているにすぎないので、どうしてそのような状態になったのかは、もちろん不明である。しかし茶々は、羽柴家当主秀頼の後見役として、事実上の羽柴家の女主人であったことからすると、やはりその原因は、羽柴家を取り巻く政治情勢によるものと考えるのが妥当と思われる。

そのようにみた場合、何よりも思い当たることは、家康との関係の変化となろう。三月、家康は大坂城から伏見城に移って以後、伏見城を「天下の政庁」とし、あわせて諸大名の屋敷も大坂から伏見に移転させた。このことは、諸大名が忠節を示す対象が秀頼ではなく、家康になったことを意味していた。またそれとともに、家康によって、秀頼の居城と領知が確定された。これにより羽柴家は、政権から明確に分離され、その領国支配によってのみ存立を遂げることになったから、そうした家の存立の在り方からみれば、事実上、一個の大名と変わらない存在に位置づけられることになった。

そのうえで家康は、将軍任官を意図するようになっていた。これは明らかに、羽柴政権を解消し、自身を主宰者とする新たな政権樹立のためであった。すでに家康は、諸大名に対して主人として存在し、朝廷との関係や諸外国との関係を執り行い、事実上の「天下人」として存在していた。将軍任官は、家康を名目的にも「天下人」とする装置であり、これにより、名実ともに「天下人」としての地位を確立させるためのものであることは、誰の目にも明らかであったに違いない。

茶々が気鬱になったのは、このように羽柴政権の解体が進められている情勢をうけてのことであった、とみていいのではなかろうか。茶々の意向はおそらく、先に触れた伊達政宗も認識していたように、秀頼が成人した暁には、関白に任官され、「天下人」の地位を譲られることであったに違いない。そのためそれまでの間、秀頼は次期「天下人」としての体裁を維持し続ける必要がある、ということであったと思われる。その場合、秀頼の居城と領知が確定されてしまったことは、いわゆる羽柴政権の財政から完全に切り離されたことを意味したから、大きな痛手と認識しただろう。

いずれにせよ、家康の伏見城移転から急激に進められた、羽柴政権解体の動向に、茶々は、秀頼の将来、羽柴家存続の在り方について、大いに気を揉むようになったのではなかろうか。

茶々から且元への消息――消息①

そのような状況のなか、茶々は何を思っていたのであろうか。そのことを知るには、茶々が記した文書を読むのが何よりであろう。いよいよ、茶々が片桐且元に宛てた消息①を取り上げることにしたい。

この文書は、いわゆる「消息書き」によって書かれているため、基本が仮名文字であろうえ、本文の右側余白部分から始まり、行間にわたって、追而書（追伸）が書かれる形態になっている。そこで本書では、写本での行変えはそのままに引用することにする。ただし本文と追而書の区別をしやすくするために、本文については一字下げで、追而書は文頭から示すものとする。したがって一番右端の五行は、追而書の始まりにあたり、本文は六行目からとなる。その本文の行間にあるのが、追而書の続きになる。

まず原文の本文を示し、次に仮名文字に漢字を充てた読み下し文を示し、最後に現代語訳を示すことにする。この消息①については、「集古文書」所収の写本を基本にし、「片桐旧記写」所収の写本にのみみえる文章を、同写本の位置通りに補って示すものとする。

①茶々消息写（「集古文書七七」）

（原文）

一たん御ねん頃の
御返事にて、まんそく

申候、
いかやうにも
しんしやくなく、
　こそハそもし身の上いかほと〳〵
こなたしたいニて、
　きつかい申候に、つゝかなく候やうに御入候
よく存し候
　事、御うれしさかす〳〵にて候、しんしやうの事
人おゝきと申
　大ふへも我々より、一かと人おもかゝへ、
「ひてより之事、何分おやになりかわりたのミ候、」（「片桐旧記写」）
候へとも、このとし
　いよ〳〵ひてよりへ御ほうこうおも申
月のおやこへの
　され候やうにと、このとし月思ひ候へく候、
ほうこう、きとく、

つゐに何かと申候てうちすき候、このたひハ
ふしきともにて候ため、よきやうに
セひとも大もしへ事ハりを申候ハんこと、
さいかくせんにて候、此文とく候へく候ハんを、
つかそ（すカ）と申つる、あなたにも
「と思ひ候へと」（「片桐旧記写」）
心あしくておそく成申候、くわしくハ
二もしへ申候、かしく、

二月
廿六日　　　　より
いちのかミ
まいる
申給へ

（本文読み下し）
こぞはそもじの身の上いかほどいかほど気遣い申し候に、恙なく候様に御入り候事、御

うれしさ数々にて候、身上の事、内府へも我々より、一廉人をも抱え、（秀頼の事、何分親に成り代わり頼み候、）いよいよ秀頼へ御奉公をも申され候様にと、この年月思い候べく候、終に何かと申し候て打ち過ぎ候、この度は不思議ともにて候ため、良き様に是非とも大もじへ断りを申し候わんこと、才覚専にて候、此の文とく候べく候わんを、つかそ（すカ）と申しつる、あなたにも（と思い候えど）心悪しく遅くなり申し候、委しくは二もじへ申し候、かしく。

一段御懇ろの御返事にて、満足申し候、如何様にも斟酌なく、こなた次第にて、よく存じ候人多きと申し候えども、この年月の親子への奉公、奇特。

（本文現代語訳）

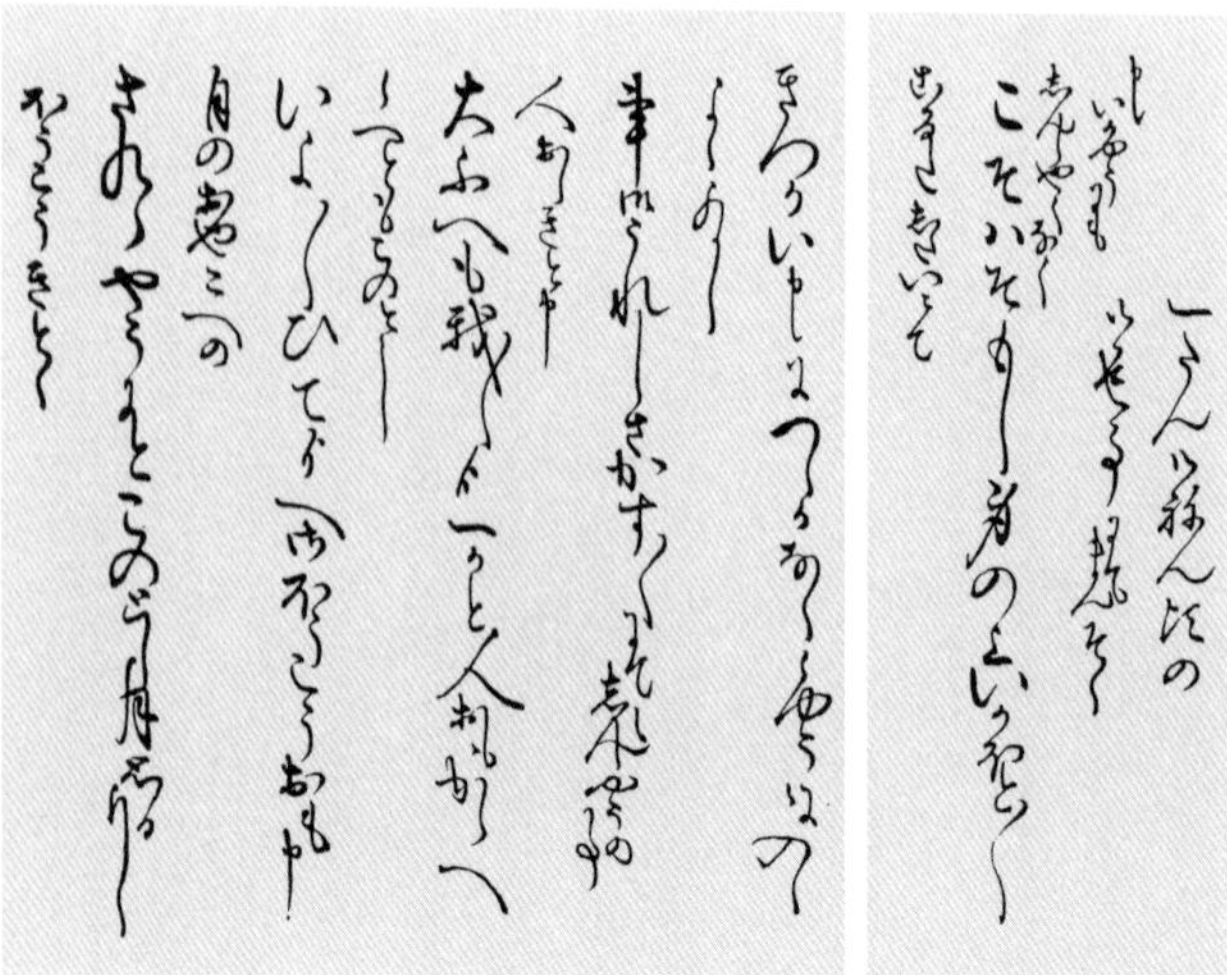
（年未詳）2月26日付いちのかみ宛茶々消息写〔国立国会図書館蔵「集古文書」巻七七より〕

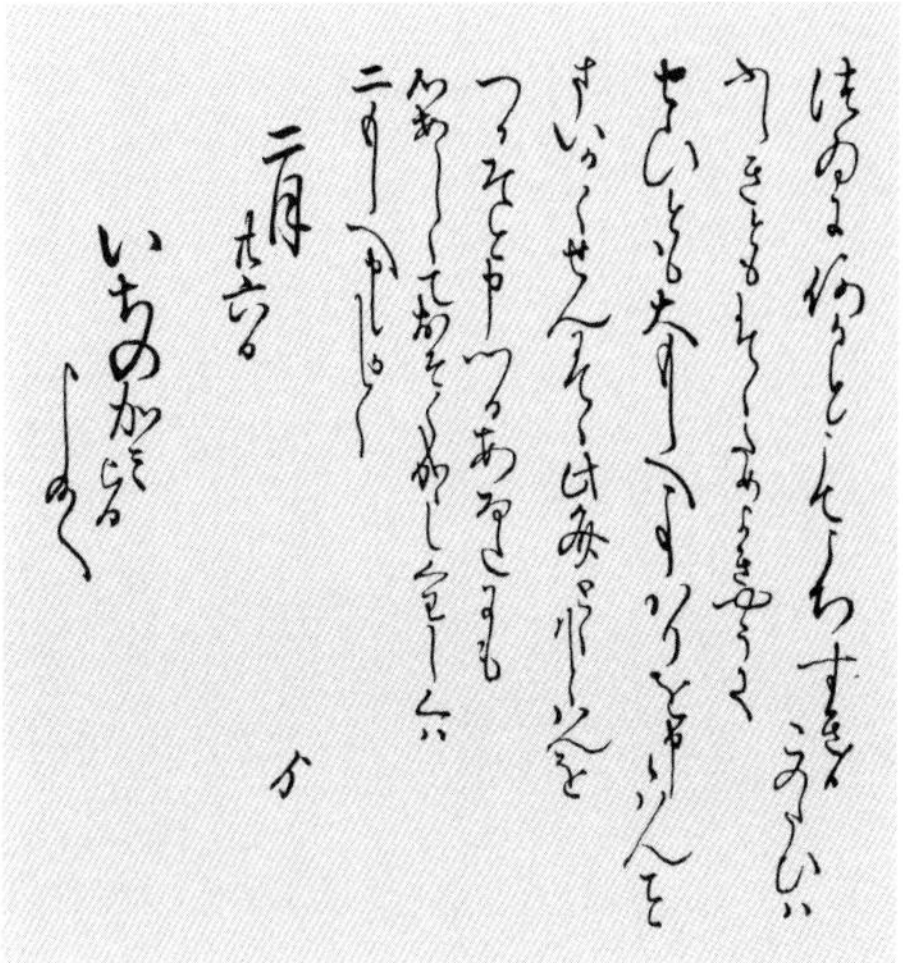

去年はあなたの身上についてどれほどどれほど気になっていましたところ、恙（つつが）ない様子になっている事に、御嬉しさはとても多いことです。（あなたの）身上については、内府（徳川家康）にも私から、相応に人（家来）を抱えて、（秀頼の事を、何分親に成り代わって頼みます。）ますます秀頼に御奉公をしていただけるようにと、この長年思っています。結局はいろいろあって打ち過ぎています。今回のことは思いがけないことであったため、良いようにどうあっても「大もじ」（内府）に事情を説明することについて、才覚を専らにしています。この手紙はとっくに（届いている）と思っていたところ、着いていないといいます。あなたへ（の手紙を送ろう）（と思っていたけれども）気配りが悪く遅くなってしまいました。委（くわ）しくは「二もじ」に言います。

とても御懇切な御返事で満足しています。どのようなことにも遠慮しないで、こちら次第で、良く知っている人（家来）は多くいますが、この長年の親子（茶々・秀頼）への（あなたの）奉公は奇特です。

年代の推定──消息①

この文書は年代が明らかではないが、内容からみて、残されている茶々から且元に出された文書のなかでは、もっとも年代が早いものと推定される。とはいえ、書写の状態が悪く、文章が繋がらない箇所があり、さらには文章の脱落とみられる形跡もあり、茶々から且元への文書のなかでは、もっとも解釈が難しいものになる。いきなり難しい文書からの登場となってしまうが、年代の都合上、致し方ない。

まずは、年代を推定するところからはじめよう。日付は、二月二十六日付けとなっている。もちろん、ここにも誤写の可能性がないわけではないが、これを信用してみることとする。文中で「大ふ（内府）」と呼んでいるのは、徳川家康のことと思われる。後に秀忠も将軍になると内大臣になるが、秀忠に対しては「将軍」と呼ぶとみられるので、この「内府」は、将軍任官前の家康を指すとみてよいであろう。家康は、慶長八年二月十二日に将軍に任官すると同時に、内大臣から右大臣に昇任しているので、その前年までのものとみることができる。また文書全体で、家康への取り成しを片桐且元（「いちのかみ」）に依頼していることから、関ヶ原合戦後のものとみてよいであろう。

そうすると年代は、慶長六年か同七年のいずれかに絞られるものとなる。しかし、そのどちらかに絞るとなると、本文書の内容からでは難しい。そこで次に取り上げる茶々から且元への消息②とあわせ考えて、慶長七年の可能性が高いとみておきたい。というのは、茶々から且元に出された文書は、この関ヶ原合戦後の時期のものと大坂の陣直前の時期のものとに分かれており、それぞれ関連したものが残されているように思われるからである。であれば、①と②は関連したものとみることができ、②の内容を勘案すると、慶長七年のほうが相応しいように思われるのである。②が同年のものとみられる理由については、②を取り上げるところで述べることにし、ここでは年代は慶長七年の可能性が高いとだけしておく。

以下、本文の内容について、順を追ってみていくことにしよう。

茶々、且元の身上を心配する

この消息①の内容の主眼は、且元の身上の引き立てにあるようである。茶々は、去年から且元の身上についてとても気にしていたといい、現在は恙ない様子であるのでとても嬉しいと述べている。そして茶々は、且元の身上に相応しく家来を抱えられるようになって、さらに秀頼に奉公してもらえるように、と思っていたらしい。身上相応に家来を抱える、というのは、具体的には領知の増大を意味しているとみられる。

且元は、秀頼の重臣でありながら、関ヶ原合戦まではわずか一万石の所領しか有していなかった。合戦後の慶長六年正月に、家康から一万八〇〇〇石余の加増をうけて、合計で二万八〇〇〇石を領し、大和竜田（やまとたつた）城を本拠とする「小名（しょうみょう）」に取り立てられていた。その後、三月に且元は小出秀政とともに、羽柴家の家老に取り立てられたものの、領知の加増はみられていなかった。茶々はおそらく、秀頼の家老に相応しく、大領知を領有してほしいと思っていたのであろう。

茶々はそのことを以前から、おそらくは前年から、家康に頼もうと考えていたようであるが、なかなか機会がなく、実現できていなかったようである。ところが今回、思い立ってそのことを家康に申し入れようと考えたらしく、それをどのように申し入れるか思慮をめぐらしている、といっている。そして、そのことについて触れた書状を、家康に送ったらしい。しかし、それは家康には届いていないらしい。このことをおそらく、且元から報（しら）されたのであろう。追而書で、且元からの返事が懇（ねんご）ろなものであったことを述べているからである。そして茶々は、あらためて且元に書状を出そうと思ったが、遅くなってしまったことを断っている。

なお、最後の部分で、内容の詳細は「二もじ」が伝えるとしている。この消息を且元に届ける役目を負った、茶々からの使者のことと思われる。「もじ」は、愛称の一種であるから、「二」で名前がはじまる人物であった。「内府」のことを「大もじ」と記していることと同様である。「二」はおそらく、名字などではなく通称の最初の一字の可能性が高い。茶々から且元に使者として遣わされた人物であるから、その侍女の可能性が高い。その場合、茶々の有力な侍女に「二位局（にいのつぼね）」がいるので、これは彼女のことと推測される。

それはともかく、ここから茶々が、且元の領知が大きくなってほしいと願っていたことが知られる。それは秀頼のためであった。且元が大きな領知を得れば、それに応じて大きな家臣団が形成され、それが秀頼への奉公として、心強いものとなると考えていたことがうかがわれる。それとともにあらためて興味深いのは、茶々にして、且元の領知を増やすことができるのは、家康と考えられていたことである。

すでに慶長六年三月、秀頼の領知は確定されていたから、それ以外で且元の領知を増やそうとすれば、家康に頼んで増やしてもらうしかなかったことを、茶々も充分に認識していたことがわかる。このことについて茶々は、何か不満を持っている様子はうかがわれないので、政権と羽柴家とが分離されたこと、家康が事実上の「天下人」として、政権運営にあたっていたこと自体について、茶々は問題視していなかったとみられる。

茶々、且元に秀頼の親代わりを頼む

この文書で注意されるのは、「片桐旧記写」に収録された写本にのみ、本文の四行目と五行目の間にあたる部分に、「ひてより之事、何分おやになりかわりたのミ候」という一文が入っていることである。この一文は、ここで本文の典拠とした「集古文書」所収の写本も、「部類文書」所収の写本にも、みられていない。本文と追而書の関係から、ここに一文が挿入される余地はないとみられるので、この一文の存在はわからないとしかいいようがない。ただ、原文は「片桐旧記写」では判読できていない箇所がかなり存在しているので、そもそも判読が難しい状態にあったことがうかがわれる。また追而書の最終行は、「ほうこう、きとく」となっているが、これは文章の終わりとしては不自然である。そうするとその後に、脱落があるのかもしれない。これらの疑問は、原本が出現しない限り、解決は不可能といえるが、ここではその一文が、場所はどこであれ、本文書にあったとみておくことにしておきたい。

その内容であるが、茶々は且元に対して、秀頼の親代わりとなって支えてほしい、と述べているものになる。且元は秀吉の古参家臣であり、かつ秀吉の死後は秀頼の重臣を務めてきた。慶長四年に秀頼の重臣とされたのは、且元を含め四人がいたが、他の三人は関ヶ原合戦で大坂方に味方したため、すべて没落しており、残ったのは且元一人だけであった。さらに前年、且元は秀頼の家老になっていた。この時の家老は且元と小出秀政の二人であったが、小出秀政はこの年（慶長七年）、六十三歳になっていた。実際に小出秀政は（消息①から）二年後の慶長九年に死去するように、将来長くにわたって秀頼を支えるのは且元、と考えられていたに違いない。

そうした状況から、茶々は且元に対して、親代わりの気持ちで秀頼に奉公してほしいと思ったのであろう。また追而書の最後の部分では、これまで多くの家来に接してきたが、且元の自分たち親子への奉公の有り様は、卓越している、と述べている。こうしたところに、茶々が且元をいかに頼りにしていたかがうかがわれるであろう。このことについては、次に取りあげる消息（消息②）のところでも、あらためて触れることにしよう。

対応の遅い茶々

ところでもう一つ、本文書からうかがわれることについて触れたい。それは茶々の対応の遅さである。茶々は前年から、且元の領知を増やしてもらいたいと家康に申し入れしようとしていたらしいが、「何かと申し候てうちすぎ候」と、いろいろ考えてしまうことなどがあって、結局は実現していなかった。今回になってようやく、家康に申し入れを行ったようであるが、且元から送られてきた返事への返事、すなわちこの消息を出すことについても、「心あしくておそく成り申候」と、気配りが悪くて遅くなってしまった、と述べている。

これらのことをみると、茶々はどうも、物事に迅速に対応できるような性格ではなかったように思われるのである。このことに関しては、後のことではあるが、思い起こされる話がある。『駿府記』慶長十九年十二月二十五日条(『史籍雑纂第二』二八九頁)に、大坂冬の陣での徳川方と羽柴方との和睦交渉がすすめられているなか、家康が交渉に関わっていた側近の後藤庄三郎(光次)に、交渉の進展状況を尋ねたところ、後藤光次は、使者からの報告として、

城中悉く秀頼御母(茶々)儀の命を受け、今又女の儀たるにより万事急がざる成る故、返事延引の由

と述べている。大坂城内はすべて茶々が仕切っており、しかも女性であるから、何ごとにつけても急ぐことができないので、大坂方からの返事が遅れている、というのである。

ここにも、茶々の対応の遅さがみえている。しかし、これが茶々の性格なのか、あるいは後藤光次の使者がいうように女性であったからなのか、判断はできない。とはいえ、このことで茶々を責めることはできないであろう。茶々はそもそも政治経験がないのであるから。秀吉生前において、茶々が政治に関わることはありえなかった。死後においても、「五大老・五奉行」の執政体制や、その崩壊後の家康の単独執政になっても、茶々が政治に携わる必要はなかった。

ところが慶長六年三月、家康が伏見城に移り、羽柴家が単独で存在しなければならなくなったことによって、事情が変わった。羽柴家として、外部の政治勢力との間で、さまざまな問題について、政治折衝を行わなければならなくなったのである。羽柴家当主の秀頼はまだ九歳でしかなかったから、当然ながら独自に判断はできない。また秀吉後家であった北政所も、すでに関ヶ原合戦前に大坂城を出ていたから、茶々が羽柴家の女主人として、いろんな問題について判断を下さざるをえない状況が生まれてしまっていた。

本文書（消息①）においても、且元の身上引き立てを要請する書状を、家康に出したことがみえるが、こうしたことはそれまでまったく必要なかったことであったろう。しかも家康は、かつては茶々に出仕する側にあった人物である。それが事実上の「天下人」として、羽柴家の存在をも左右する人物になっていた。そうした家康に、政治的な要請を行うこと自体、政治経験のなかった茶々にとっては、どれほど大変なことであったか、と思うのである。

羽柴家が事実上、単独で存立しなければならない状況に置かれた直後、茶々は「気鬱」になっていたが、そうした政治への対応が、茶々の気分を悪化させたのではなかったか、と思われる。そうしたなかでは、羽柴家の古参家臣であり、秀頼の家老であった片桐且元を頼りとする以外なかったに違いない。そのような状況を踏まえると、本文書にみられる「秀頼の親代わりに」という茶々の言葉は、心底からの発言であったように思われる。

茶々から且元への消息——消息②

続けて、先の消息と同時期のものと推定される、もう一通の消息（文書②）を取り上げることにしよう。この文書は、一部に誤写とみられる箇所があるものの、脱落などはないように思われる。ただし本文について、「集古文書」のものと「部類文書」のものとでは、微妙に異なる箇所もある。書写の際の判読力の違いによるとみられる。ここでは両者を勘案して、より文意が通る方を採用することにした。

②茶々消息写（「集古文書七七」「部類文書四」）

（原文）

返々ふてかなひ候ハす候まゝ
とし月のれいもかゝれす候、
中々申へきやうなく、たのもしく
　何とやらんことあたらしきやうに
思ひ候へく候、
　候へ共、たひ〳〵此ものニ申候へ共、いかやうに
何にておんを
　申なし候を、しらす候まゝ、一ふて申候、
おくり候ハんも
　このほとの色々申事、あんしわけたる
しらさる事
　かたなく、なんきなる事ともにて候、
にて候、かしく、
　おさなき物の御事は、となたか

かわり候ても、いさはた〳〵とめいわく
申、しんたいはて候ほとの事ハ候ましく候、
このたひの御事は、たゝそもしの事
あんしあひにもあらす候もしニ思ひ候へく候、
三年こなたへの心つけほうこう
のようたい、大かた人もしり申候へく候、
こその申事なとの時も、きも入ゆへ
めんほくもうしない候はぬやうに候つる、
我々と大ふのあいたちかきやうニとり
なをし候事、しつかいそもしさいかくと（にカ）しに（よカ）へ
思ひ、このたひせひ共と思ひ申候ハんまゝ、一
大事の事ニ、めいわくさ中々申ハおろかニ候、
我々しか〳〵しきおや候ももち候ハす、
たんかう申候ハんあいても候ハぬニ、せけんへも
かまわす、そもししんしちの心ね、いち〳〵
申へきやうなく、海山〳〵身ニもあまり候へく候、

いのちかきりわすれかたく、あさ夕申候へとも、
此つかひの物もいかゝ申なし候を、しらす候、
おさなき物せいしんおも申、一たひいまのたの
もしさうれしき事を、申候ハんと、是のミ
ねかひ候へく候、もんなときわめも候て、
もしとを〳〵ニ御入候とも、何事ニても
御しらせ給候へく候、いよ〳〵何事も
一ゑにたのミ入候、あハれ大ふの御のほり
候へかしと、これのミねかひ候へく候、
いかほと申ても、心のおよ（もカ）ひは中々
かゝれ申さすまゝ、とゝめ候へく候、此文
この物ニ御返し候へく候、くれ〳〵
はや御返し候へく候、めてたく又々かしく、

いもし　　　　　　より

まいる

申給へ

（本文読み下し）

何とやらん事新しき様に候え共、度々此の者に申し候え共、如何様に申し成し候を、知らず候まま、一筆申し候、このほどの色々申し事、案じ分けたる方なく、難儀なる事ともにて候、幼き者の御事は、どなたか代わり候ても、いざはたはたと迷惑申し、進退果て候ほどの事は候まじく候、この度の御事は、只そもじの事案じ合いにもあらず候もしに思い候べく候、三年こなたへの心付け・奉公の様体、大方人も知り申し候べく候、こその申し事などの時も、肝煎りゆえ、面目も失い候わぬ様に候つる、我々と内府の間近き様に取り直し候事、悉皆そもじ才覚「と（にカ）しに（よカ）へ」思い、この度是非共と思い申し候わんまま、一大事の事に、迷惑さ中々申すは愚かに候、我々然々敷き親も持ち候わず、談合申し候わん相手も候わぬに、世間へも構わず、そもじ真実の心根、一々申すべき様無く、海山海山身にも余り候べく候、命限り忘れ難く、朝夕申し候えども、此の使いの者もいかが申し成し候を、知らず候、幼き者成人をも申し、一度今の頼もしさ嬉しき事を、申し候わんと、是のみ願い候べく候、門など極めも候て、もしとおとおに御入り候共、何事にても御知らせ給い候べく候、いよいよ何事も偏に頼み入り候、哀れ内府の御上り候えかしと、これのみ願い候べく候、いかほど申しても、心の思いは中々

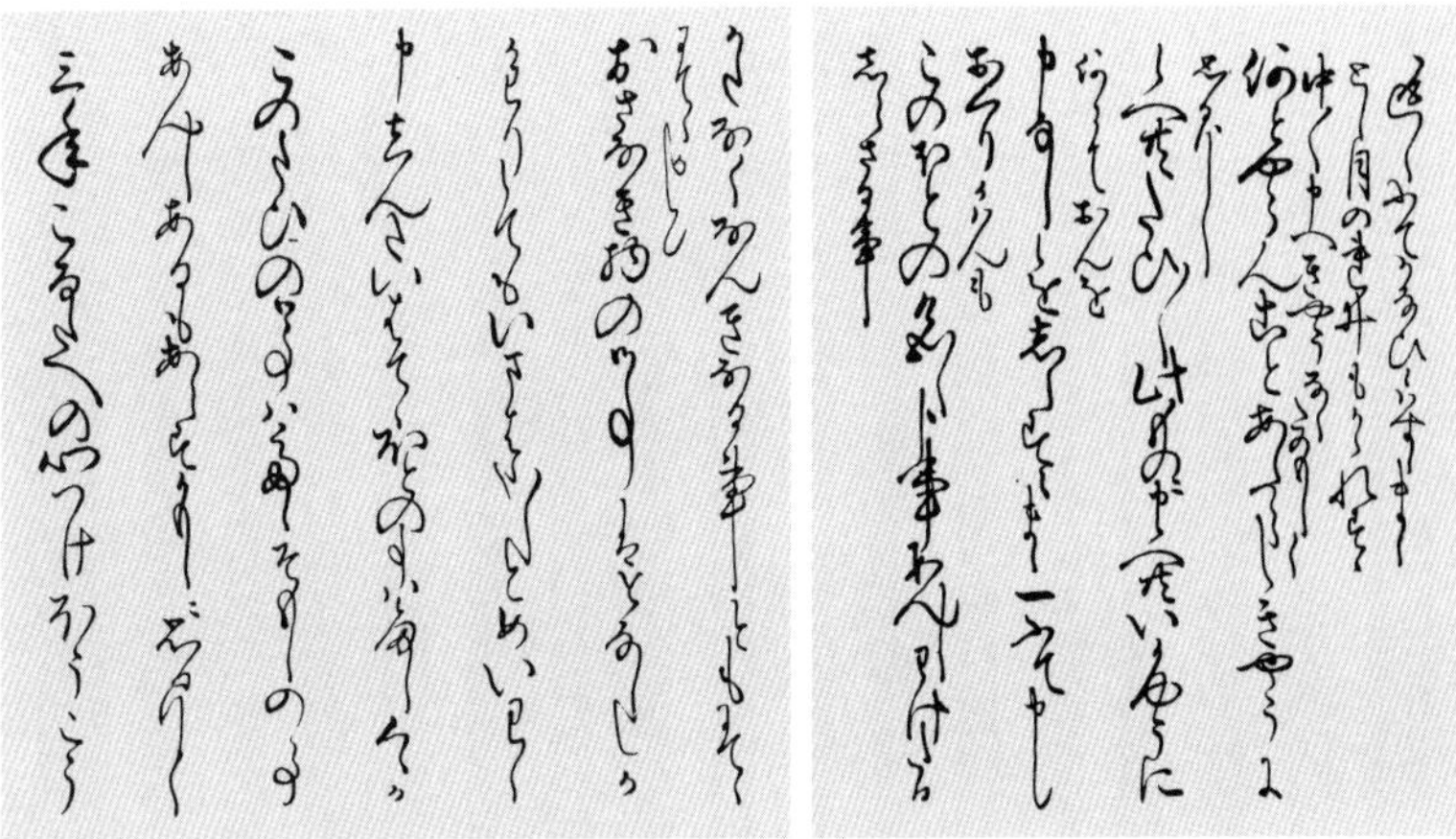

（年月日未詳）いもし宛茶々消息写〔国立国会図書館蔵「集古文書」巻七七より〕

書かれ申さずまま、留め候べく候、此の文此の者に御返し候べく候、目出度く又々かしく。
返す返す筆叶い候わず候まま、年月の礼も書かれず候、中々申すべき様無く、頼もしく思い候べく候、何にておんを送り候わんも、知らざる事にて候、かしく。

（本文現代語訳）

どうしたことかわかりきったことではあるけれども、何度もこの者にいっているけれども、どのように（且元に）取り成しているのかを、知らないままに、手紙を出します。今回の色々な言い分は、考えて判断する方法がなく、難しい事態です。幼き者（秀頼）の事については、誰かが代わったとしても、ごたごたが続いて困って、進退が果ててしまうような事

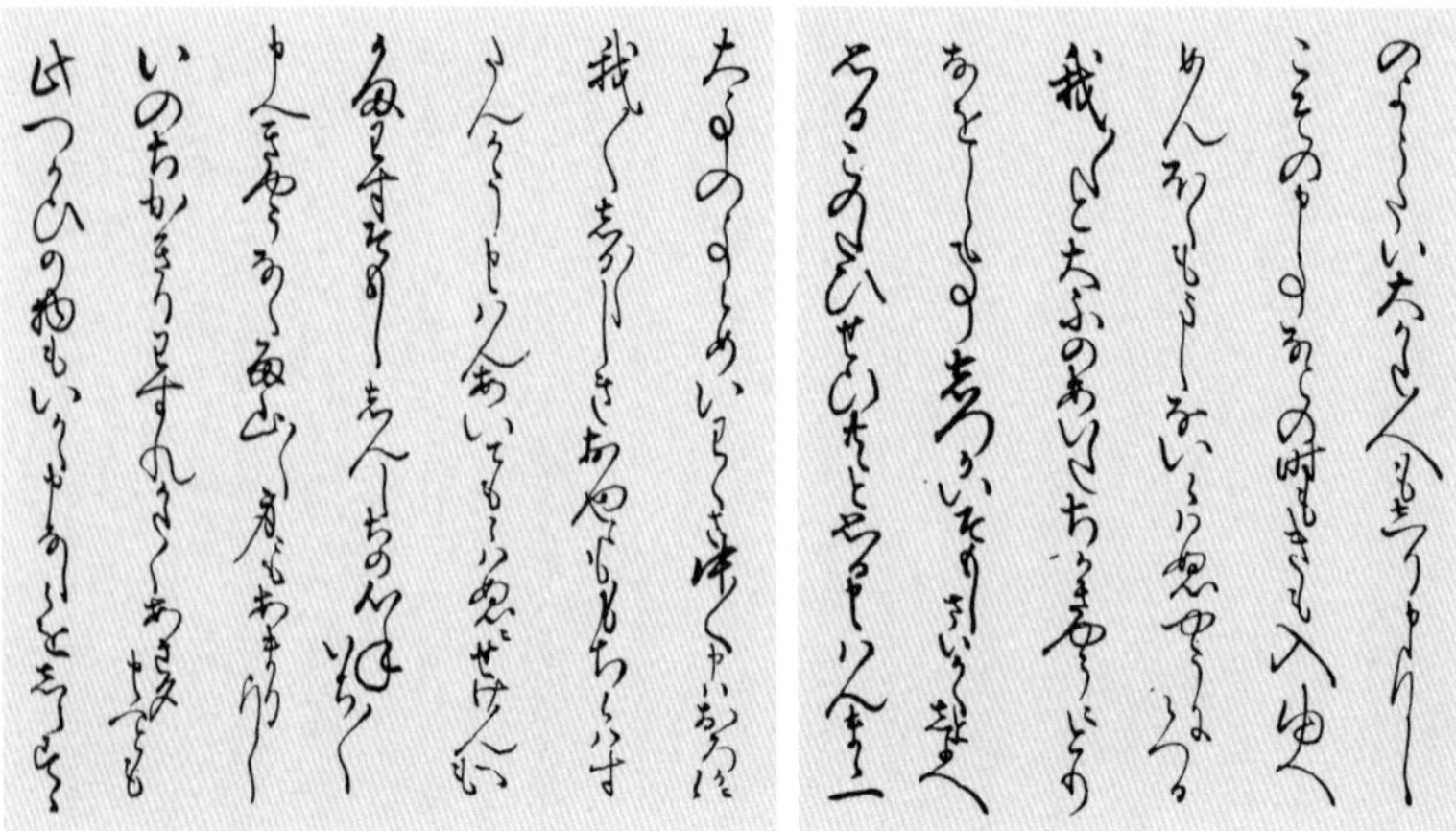

はないでしょう。今回の事は、ただあなたについては心配し合うことでもないと思っています。（あなたの）三年（にわたる）こちらへの心付け・奉公の有り様は、おおよそのことは他人も知っていることです。去年の言い分の時も、尽力して、面目を失わないようにしました。私と内府（徳川家康）の間柄を近いように取り直す事は、すべてあなたの才覚によると思い、今回はどうしてもと思っているうちに、一大事のことになって、困惑な様は中々言葉にできません。私はしっかりとした親を持っておらず、相談する相手もいないので、世間（の常識）にはこだわらないで、あなたの本当の根性は、一々言うまでもなく、たくさんたくさん身に余っています。命がある限り忘れることはできず、いつもいってい

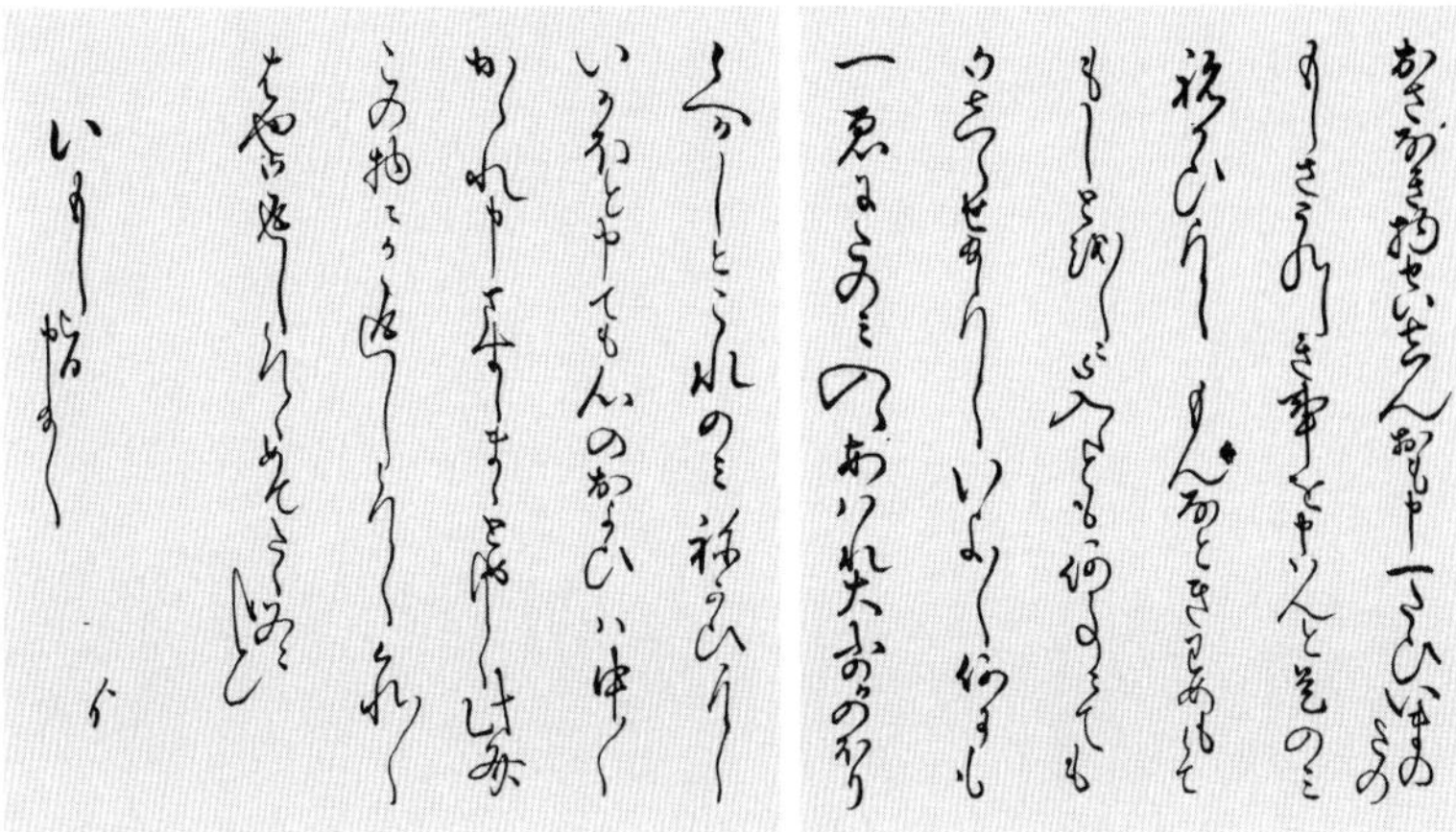

るけれども、この使いの者もどのように取り成しているのかを、知りません。幼き者（秀頼）が成人して、一度現在の頼もしさを嬉しいということをいいたいと、このことのみを願っています。門などは決め事もあるので、もし遠方に居られていても、何についてもお知らせいただきたいです。いよいよ何事もひたすら頼みにしています。なんとかして内府のお上りがあればと、このことだけを願っています。どれほど言っても、心の思いは中々書くことはできないので、止めておきます。この手紙（への返事）をこの者に御返ししてください。

返す返す手紙を書くことができないまま、長年の礼も書いていません。中々言い様もないほどに頼もしく思っています。どうして「おん」を送っているのかも、知らないことです。

年代の推定——消息②

この文書には日付すら記されていないため、これについても年代を推定しなくてはならない。文中に「内府」が出てくるので、消息①と同じく、これは徳川家康を指し、ここからまずは、家康が将軍に任官する以前のものであることがわかる。

そのうえで注目したいのは、「三年こなたへの心付け・奉公の様体」という文章である。これは且元が茶々・秀頼に対して、三年にわたって奉公してきていることを述べているものになる。且元が秀頼の重臣になったのは、秀吉の死後、慶長四年正月に秀頼が伏見城から大坂城に移った際に、大坂城の勤番体制が決められ、そこで且元は、「秀頼四人衆」の一人となり、「五大老・五奉行」、家康嫡子秀忠、前田利家嫡子利長とともに、いつでも秀頼に伺候できる立場を与えられたことにはじまる（「古案」『新修徳川家康文書の研究第二輯』二七七頁）。ここから数えれば、「三年」後は慶長六年となる。

もう一つ想定できるのは、翌年の関ヶ原合戦後から数える場合で、この場合だと、慶長七年となる。どちらが適当なのか、ここでもすぐには判断できない。ただし、少し内容に入り込んでしまうことになるが、関ヶ原合戦以前には、「五大老・五奉行」をはじめとした家臣たちが多く存在していたことからすると、それらの人々がいなくなった後のこととみたほうがよいように思われる。この文書でも、茶々は且元の奉公を頼りにしていることを述べているのであるが、それもそうした合戦後の状況をもとに述べているとみると、しっくりくるように思う。

次に注目したいのは、「内府の御上り候えかし」とある部分である。家康が大坂城に来てほしい、といっているものになる。このことから本文書は、家康が大坂城を退去した慶長六年三月以降のものであると理解される。さらに「こその申し事」、去年の言い分、という文言がみえる。「こぞ」(去年)という文言は、消息①にもみられるものであった。こうしたことから、両文書は同年の可能性を認めてよいように思われるのである。「こその申し事」とあるから、本文書が出される前年に、家康から茶々・秀頼に対して何らかの要請があったことがうかがわれる。そうした状況に相応しいのは、やはり家康が大坂城を退去した慶長六年のこととみられ、そうであれば本文書の年代は、その翌年の慶長七年と考えられることになる。これらのことから、ここでは①と②の年代は、慶長七年とみておきたい。

家康への取り成しを願う

本文書の内容の中心になっているのは、且元に家康への取り成しを依頼していることである。冒頭に出てくる「此の者」とは、後の部分で「此の使いの者」と出てくるので、茶々の書状を且元に届けている使者のことである。茶々は、すでに何回かにわたって且元に書状を出していたことがうかがわれる。それこそ、消息①はそのなかの一通であったかもしれない。

そして「申し成し」とは、使者が且元に対して、茶々の要請を取り成すことを指している。では、且元に対する要請は何かというと、「我々と内府の間近き様に取り直し候事」とあるように、茶々と家康との関係を、親しくするように取り直してもらうことであった。ここからは、茶々は、家康との関係が疎遠になりつつあると認識していたことがわかる。

その「取り直し」の具体的な実現方法の一つとしてあげられているのが、「内府の御上り」、すなわち家康が大坂城に参向（さんこう）することであった、とみられる。大坂城に参向することを「御上り」というのはおかしい気もするが、言葉通りの「上洛」では意味は通じないであろう。茶々からすれば、大坂城への参向は「上る」と認識していたとみておきたい。

家康は伏見城に移ってから、しばらく大坂城に参向していなかった。伏見城に移った年の十月中旬に、本拠の江戸城に下向していて、翌慶長七年正月の半ばに江戸城を発って、二月中旬に伏見城に到着している。その後、大坂城に参向したのは、三月十三日のことで、家康はこの時、秀頼に年始の御礼を行い、十五日に帰還している。その後では、その翌年の慶長八年二月四日にも、大坂城に参向し、同様に秀頼に年始の礼を行っているが（『当代記』など）、これが家康が大坂城に参向した最後になる。

そうすると、本文書で家康の参向を求めているのは、慶長七年三月の参向以前か、翌八年二月の参向以前のことと考えられるであろう。かりに本文書が消息①の前後のものであるとすれば、本文書が出されたのは、前者の慶長七年三月以前の可能性が出てくることになろう。それはともかくとして、家康は、慶長六年三月に伏見城に移ってからは、翌七年三月と、その翌八年二月の二回しか、大坂城に参向していないのである。こうした状況が、茶々をして、家康と疎遠になりつつあると認識させていた、とみられる。

「難儀」の「申し事」

では茶々はなぜ、家康との取り直しを且元に依頼しているのか。それはどうも家康から「色々な申し事」、さまざまな要請があったから、とみられる。「申し事」の内容については記されていないためわからないが、茶々は、それにどのように対応したらいいのかわからない、と言い、「難儀」な問題と受けとめていたことが知られる。家康からの何ごとかの要請は、「こぞ」（去年）にもあったらしく、それについては且元の尽力により、秀頼の面目が失われないように解決されたことがみえている。そうすると家康からの「申し事」というのは、秀頼の立場を左右するような内容であったと推測できるであろう。

本文書のなかで、秀頼については二度でてきている。前半部分では、秀頼について、誰かが代わりになったとしても、困って、進退が続かないことはないだろう、と言っている。しかし正直いって、文意を理解しにくい。秀頼のことに関して、且元に代わって誰が補佐したとしても、困惑することになるだろう、という意味であろうか。その後の、進退が続くという内容とはどのように関わるのか、理解しにくいが、補佐するものの進退が果ててしまうことにはならない、というような意味であろうか。

後半部分では、秀頼が成人した時に、「今の頼もしさ」を嬉しいということを、そのことだけを願っている、と言っている。ここはおそらく、秀頼が成人を遂げた時には、秀頼に「頼もしい」という言葉をかけてあげたい、というような意味ではないかと思われる。

ここからうかがわれるのは、この時の茶々にとって、何よりも秀頼の成人を待望していたこと、そのためには且元の奉公が何よりも重要である、との認識にあったことといえよう。

秀頼が幼少であるため、茶々はその後見役としての羽柴家の女主人として、秀頼が成人して、独自に政務を執ることができるようになるまで、秀頼の立場を保護しなければならないという、強い思いが伝わってくるように思う。

そして今回、家康からうけている「申し事」は、「一大事」のことであり、茶々が、言葉も出ないほど困惑している、とまで述べるほどのものであったらしい。秀頼の立場を左右するような、そうした重大な内容にあたるものとして思い浮かぶことといえば、慶長六年五月頃に、家康が将軍任官のために京都で屋形の造営を企図するようになったこと、同七年二月十九日に、朝廷から家康に、源氏長者（げんじちょうじゃ）の宣旨を出す意向が示されたこと（『言経卿記』）、同年十二月三十日に、秀忠が将軍に任官し、秀頼が関白に就任する噂が立ったこと（『義演准后日記』）、あるいは翌同八年正月頃に、家康が将軍に任官し、秀頼が関白に就任する噂が立っていること（『萩藩閥閲録第一巻』五五頁）、といったところであろうか。

「申し事」が、それらにあたるのかどうかもわからないが、茶々が非常に対応に苦慮している様子は、充分にうかがわれるであろう。そしてその状況打開には、且元を頼るほかはなかったのである。

且元への信頼

そうして本文書でも、消息①に続いて、繰り返し且元が頼りであることが述べられている。まず、おそらく関ヶ原合戦後の三年にわたる奉公の有り様は、誰もが知っているほどの、申し分のないものであったこと、去年、家康からの何らかの要請についても、秀頼の面目が立つように解決してくれたこと、といったことがあげられている。

そして、今回の「申し事」についても、茶々と家康との関係を取り直すこと、そのために家康が大坂城に参向するように取りなすことを依頼している。そして何よりも、且元を頼るほかないことを示すために記されているのが、「我々然々敷き親も持ち候わず、談合申し候わん相手も候わぬ」という一文である。この内容は、茶々の立場を考えるうえで極めて興味深い。すなわち茶々は、自分にはしっかりとした親もなく、相談できる家臣もいない、というのである。そうして頼れるのは、且元だけだ、というのである。

そして、且元の秀頼への奉公の姿勢について、「一々申すべき様無く、海山海山身にも余り候べく候、命限り忘れ難く、朝夕申し候えども」と、一々いう必要もないほど、身に余るもので、命ある限り忘れることはなく、そのことは朝夕いつもいっている、と最大限に賞賛しているのである。且元しか頼る者はいない、ということを懸命に訴えている内容といえるであろう。先の消息①では、且元に、秀頼の親代わりとして奉公してほしい、といっていた。これと同調するものといえるであろう。

茶々にとって、政治判断する際に、親からの後見もなく、相談できる家臣もいない、というのは、極めて重大な事態であったことがわかる。茶々は、秀吉後室として、また当主秀頼の生母として、秀頼成人までは羽柴家の女主人として、羽柴家を取り仕切らなければならない立場に置かれていた。かりに、茶々にしっかりとした親が生存していたとしたら、そのような場合でも、後見をうけることができたであろう。また実家があれば、輿入れの際に実家から家臣が付けられることになるから、そうした家臣と相談することもできたであろう。

ところが茶々は、実家が存在しない身の上であった。秀吉の妻になった時には、すでに実家はなく、そのため親から引き継いだ家臣も存在していなかった。この茶々の発言から、実家が存在しないということが、大名クラスの妻・後家にとって、極めて重要な問題であったことが知られる。それでも関ヶ原合戦までは、秀吉の譜代家臣が家政を支えてくれていた。いわゆる「五奉行」の浅野長政・前田玄以・石田三成・増田長盛・長束正家をはじめ、著名なものだけでも福島正則・加藤清正・加藤嘉明・小西行長・大谷吉継・中村一氏・堀尾吉晴・生駒親正・田中吉政・蜂須賀家政・黒田長政・藤堂高虎など、あげればきりがない。

ところが合戦の結果、「五奉行」が解体しただけでなく、小西・大谷など大坂方に味方したものたちは没落した。また、福島・加藤など江戸方に味方した大名は、戦後の論功行賞によって多くの領知を得て、領国大名として存在するようになり、羽柴家の家政には携わらなくなった。合戦後、羽柴家の家臣で家康に伺候できるものとして、小出秀政・片桐且元の両家老とともに寺沢正成がいたことについては先にみたが、その寺沢正成も領国大名になったことで、羽柴家からは離れていった。そうして、一定の政治経験のある家臣としては、家老となった小出秀政と片桐且元しか存在しなくなっていたのである。

すでに小出秀政は老齢であったから、茶々が頼りにできるのは、まさに且元一人だけという状況であった。それゆえに、茶々は且元を頼るほかなかったのである。追而書の最後に、「中々申すべき様無く、頼もしく思い候べく候」と、言葉にできないほど頼りにしている、と述べているのは、そうした茶々の気持ちを素直に表現したものとみられる。ともかくも且元しか頼る家臣はいない、というのが、茶々が置かれていた状況であった。本文書はそのことを痛烈に伝える、実に興味深い文書といえるであろう。

再び茶々の気鬱

慶長八年（一六〇三）五月一日、茶々は再び、医師曲直瀬玄朔の診療をうけている（『玄朔道三配剤録』）。先の場合と同じく、『医学天正記』の記載を掲げよう。

内大臣秀頼公御母〈三十余歳〉、気鬱、胸中痞塞して痛み、まったく食に能わず、時に頭痛、順気湯〈回の痞満〉、養胃湯、

この時の茶々の症状も、二年前と同じく「気鬱」であり、さらには胸がつかえて痛みがあり、まったく食事を摂ることができず、時には頭痛もした、というものであった。茶々は二年前に次いで、再び「気鬱」に罹っていたことが知られる。

この直前の四月二十日、秀頼は内大臣に昇任していた（『時慶卿記』）。いうまでもなく、これも家康の取り計らいによる。わずか十一歳での内大臣への就任であり、かつ昇任したのであるから、本来ならば喜ぶべきものであろう。ところが、その八日前の二月十二日に、家康は征夷大将軍に任官、さらに内大臣から右大臣に昇任していた。これによって、家康を主宰者とする新たな徳川政権（江戸幕府）が、名実ともに誕生するにいたっていた。

そもそもその直前まで、先に触れたように、秀頼は関白に就任するのではないかと噂されていたことからすると、関白への任官ではなく、内大臣であったことに、ひどくがっかりし

たことは充分に推測できる。とはいえ関白は、名目的には天皇の後見役であるから、いかに羽柴家の当主であるとはいえ、十一歳の少年の任官は難しいように思われる。むしろ十一歳にして、家康の次の地位である内大臣に任官しているところに、羽柴家がいまだ「豊臣関白家」としての格式を維持していたと評価することが可能である（矢部健太郎「徹底研究！　豊臣秀頼の生涯」『ここまでわかった！　大坂の陣と豊臣秀頼』）。

しかし茶々は、どう思ったのであろうか。前年の慶長七年二月、家康が源氏長者に就任するという動きがあった。これについて家康は、今年は時期が悪いとして、辞退したのであったが、源氏長者就任は、いうまでもなく将軍任官に等しい行為であった。家康の辞退の背景に何があったのかはわからないが、いまだ島津忠恒との和睦が成立していない状況であったことからすると、「天下一統」が遂げられていなかったためかもしれない。

そして同年十二月に、島津忠恒が家康に出仕し、列島すべての大名が家康に服属することになると、その直後に、家康もしくは秀忠が将軍に、秀頼が関白に任官するとの噂がでてくることになる。公家衆たちは、島津服属により、徳川家が将軍に任官することの障害は完全に除かれたと考えたらしい。このことはすでに、公家衆は徳川家の将軍任官を当然のことと認識していたことをうかがわせる。問題になっていたのは、単にその時期だけのことのように思われる。

むしろ注目すべきは、公家衆たちが、わずか十歳前後であった秀頼が、関白に任官することがありうると考えていたことだ。そうすると関白の地位が、武家の場合においては、もはや天皇の後見役というような名目にとらわれるものではなくなっていたことがうかがわれる。武家と公家とでは、同じ関白という地位にあったとしても、その役割はまったく異なるものとなっていた、ということであろう。であるからこそ、わずか十歳前後の秀頼であったにもかかわらず、「豊臣関白家」の格式にあることをもって、関白の任官が可能とみられていたのであろう。

そうするとやはり、茶々にとっては、秀頼が関白ではなく、内大臣に任官したことに大きな落胆を感じたのであろうと思われる。それが再びの「気鬱」となったのかもしれない。その直前に、茶々が家康と何らかの交渉などを行っていたのかどうかまではわからないが、なれない政治交渉に携わっているなかで、大きな落胆があり、気分を激しく悪化させたとすれば、納得できるように思われる。

その後の秀頼

ところで、名実ともに徳川政権＝江戸幕府が成立したことにともなって、羽柴家の存在はどのようなものとして理解することができるであろうか。

ひと頃までは、これによって羽柴家は、摂津・河内・和泉六十五万石の一大名になった、とみられることが大半であった。しかしその後、とくに笠谷和比古氏によって（『関ヶ原合戦』など）、羽柴家は徳川家と併存して、「公儀」権力として存在しており、大坂の陣までは「二重公儀政権」の時代であった、とする見解が出されてくることになった。

では、まずは、その後における江戸幕府と羽柴家の関係の推移をみておくことにしよう。家康が将軍に任官してから五ヶ月後の慶長八年七月、秀頼は、家康の嫡子秀忠の長女千と婚姻した。この婚姻は秀吉の遺言によるものであった。これにより徳川秀忠は秀頼に対して岳父の立場につくことになった。そもそも徳川家は、羽柴政権の時代から、最も親密な関係にあった親類衆であり、その筆頭であった。家康は秀吉の妹旭姫の婿であり、秀忠は秀吉の養女小姫（実父は織田信雄）、次いで「ごう」（茶々の妹）の婿であった。この秀頼と徳川千の婚姻は、羽柴家と徳川家の一体化の再現を意味するものであった。

それから二年後の慶長十年（一六〇五）四月、家康の嫡子秀忠が、将軍職を譲られて、徳川家の当主になった。その際、家康は右大臣を辞任、その後には秀頼が就任し、秀頼が辞任した内大臣には将軍となった秀忠が就任した。官職の序列からいえば、家康、秀頼、秀忠の順であり、これは関ヶ原合戦後の状況がそのまま継承されたものとなっている。さらに同十二年に秀頼は右大臣を辞任するが、以後も秀頼は右大臣として扱われ、その序列に変化はなかった。変わるのは、大坂の陣勃発の半年前、同十九年三月に、秀忠が右大臣に就任したことによる。

ちなみに、秀忠の将軍任官の時、家康は羽柴家に対して、秀頼を挨拶のために上洛させるよう要請したが、これについては茶々が、「どうしても秀頼を上洛させるのであれば、秀頼を殺し、私も死ぬ」といって、承諾しなかったことが伝えられている（『当代記』）。どこまで事実かはわからないが、茶々が反対したとすれば、その理由は、羽柴家が江戸幕府に完全に屈服することになるとみたから、と考えられる。

秀頼はその慶長十年の年頭から、黒印を据えた内書の発給を開始している（福田千鶴『豊臣秀頼』）。「内書」とは、武家政権の首長クラスが発給する書状の様式の一つである。署判には、花押、朱印、黒印などが据えられるが、その使い分けは、自身の身分と相手方との身分差などによっていた。秀頼の場合、花押と黒印の使用のみで、朱印の使用はなかった。これについては、秀頼は朱印を使用できなかったとみるか、朱印を使う必要がない身分にあったとみるか、見解が分かれている。

これを徳川家と比べてみると、家康は、将軍任官後から、それまで使用していた花押や朱印を使用せず、黒印による内書を出すようになっている。しかし秀忠は、将軍に任官した後も、かつての大大名に対しては花押を使用し、家康から「天下人」の地位を継承した元和二年（一六一六）以降も、それが継続されているという。秀頼の場合、徳川家やその一族に対しては花押を使用しているが、他の大名家に対しては、ほぼ黒印だけを使っているようである。

ここからうかがわれる秀頼の地位は、やはり家康に次ぎ、秀忠よりも上、というものになる。ただし朱印についていえば、前代の秀吉は、内書には朱印だけを使用していた。そのことを踏まえると、家康が将軍に任官して以降は、「天下人」およびその候補者の内書には、朱印は使われなくなった、とみるのが妥当のように思われる。そうすると、そもそも朱印を使えなかったとか、使う必要がなかった、という見解は不要なのかもしれない。

さて、右大臣を辞任した慶長十二年（一六〇七）、秀頼はようやく十五歳を迎えた。翌同十三年からは、実質的にも「成人」として振る舞い、また周囲からもそのようにみられるようになった。本来であれば、家康から「天下人」の地位を譲られる年齢に達したのであった。しかし家康は、それを秀頼に譲る気はまったくなかったことはいうまでもない。すでに将軍職を秀忠に譲った時点で、「天下人」の後継者は秀忠であることを示していたのであったから。ここから生じてくるのが、江戸幕府と羽柴家の関係をどのようなものとして規定していくのか、という政治問題であった。

その最大のものが、慶長十六年（一六一一）三月二十九日に行われた、家康の京都での本拠である二条城での、家康と秀頼との会見である。これは後陽成天皇の譲位の儀式をうけて行われたもので、家康はそれにあたり、全国の大名を軍事動員している。いわば諸大名すべてを軍事的に従えている存在であることを、あらためて明示しつつ行われたものとなる。すでに徳川家では、家康・秀忠それぞれの将軍就任に際して、諸大名の軍事動員を行っていたことからすれば、やはりこの時の動員は、羽柴家へのあらためてのアピールであったとみられる。

この会見において家康は、秀頼に対して、諸大名と同じく、江戸幕府への服属を要請したが、秀頼はそれを拒否した、という内容を伝えている史料がある。それが真相を伝えるものなのかどうか確定されているわけではないが、内容としては納得のいくものといえる。またこの時の両者で交わされた進物（しんもつ）についての検討から、福田氏は、家康側からの進物のほうが手厚い内容のものであること、進物への返礼において、秀頼はすべてに返礼していないことから、秀頼側は、自らを上位者として振る舞っていたと指摘している。

当事者の思惑はどうであれ、世間では、この会見によって、秀頼は家康に屈服したとみることになる。そして直後の四月に、新天皇として後水尾（ごみずのお）天皇が即位し、それにあわせて家康は、在京する西国の国持（くにもち）大名から、幕府への忠誠を誓約させる起請文を提出させ、また翌同十七年正月に、東国の国持大名と「小名」から同様の起請文を提出させ、あらためて幕府への服属関係を確認することになる。さらに新天皇の即位式後に、家康は秀頼をも対象にして、禁裏普請役を賦課した。秀頼もこれに応じて、自身の直臣衆たちに同役を負担させている。

これまでにも家康は、諸大名に対して江戸城や名古屋城などの普請役を賦課してきた。しかし、秀頼衆に対しては賦課しておらず、慶長十一年の江戸城普請では、逆に普請にあたって、秀頼衆が奉行人を務めているほどであった。この時点で秀頼は、諸大名に対して普請役を賦課する側にいたのである。だが今回の禁裏普請によって、家康の命をうけ、普請役を負担する側になった。そこには、立ち位置の大きな変化をみることができるであろう。

家康はその後、秀頼を明確に服属させることを図っていくことになる。そこにおいて両者の間に立って、双方の関係を穏便に取り結ぶ役割を担っていたのが、羽柴家の唯一の家老であった片桐且元であった。慶長十九年（一六一四）三月、将軍秀忠は、かつて秀頼が在任していた右大臣に就任した。位階も従一位に叙され、正二位の秀頼を上回った。ついに秀忠は、官位的にも秀頼よりも上位に位置した。このことは江戸幕府が、これまでのように秀頼を尊重することはなく、明確に秀頼を配下に従えようとする姿勢を示すものといえるであろう。そして七月になって、茶々・秀頼と片桐且元との関係を決定的に破壊することになる、運命の方広寺鐘銘問題へと展開していくのである。

羽柴家の存在をどうみるか

それでは、こうした羽柴家の存在は、どのようにとらえたらよいであろうか。まずは「二重公儀政権」論の論拠を簡単にまとめてみることにしよう。

①羽柴家は江戸幕府から、普請役などは課されていないように、他の大名とは同列に扱われていないこと、②羽柴家に対して、勅使・公家衆や大名は変わらず参向していること、③二条城の会見の在り方は、秀頼の家康への屈服を示すものにはならないこと、④慶長十六年の起請文に秀頼は署名していないから、江戸幕府に従う存在にはなっていないこと、⑤秀頼の領知は、摂津・河内・和泉に限られておらず、広範囲に展開していること、といったものである。

これらは羽柴家が、いまだ江戸幕府に服属していないことを示すものとしては、その通りといえるであろう。羽柴家が将来的に、秀頼が関白職に任官して「天下人」になって、「公儀」の主宰者になりうる存在であったことは否定されないものの、しかしこのことのみで、羽柴家が「公儀」として存在したとみるのは無理である。すでに関ヶ原合戦の翌年に、「公儀」と羽柴家は分離されており、その後において、諸大名への軍事指揮や領知充行による主従関係、朝廷との外交、諸外国との外交などは、すべて徳川家によって担われていたのであった。もし、羽柴家を「公儀」政権というからには、そこに関与していなければならないと思われる。だが、実際には、それまで秀頼が年少であったとはいえ、まったく関与しておらず、それどころか先に茶々から且元への消息でみたように、秀頼衆への知行充行すら、家康が差配するものとなっていたのである。

したがって、関ヶ原合戦後の羽柴家は、単なる一大名ではなかったが、かといって「公儀」を構成する側にもなかった、という、政治的には極めて曖昧な存在であったとしかいいようがない。しかし、その曖昧さがどこから出ているのかというと、おそらくそれは、羽柴家と諸大名との主従関係の継続ではなかったか、と思われるのである。諸大名は、関ヶ原合戦までは、羽柴家と主従関係を結んでいた存在であった。同合戦後は、徳川家とも主従関係を結んでいくようになったが、さりとて羽柴家との主従関係を、すぐさま切断したのでもなかった。

私が研究対象としている大名のなかから、いくつかの事例を示してみたい。

一つは真田信之の場合である。信之は関ヶ原合戦では江戸方に味方し、戦後処理のなかで、大坂方について改易された父昌幸の領知の信濃国上田領を、家康から新たな領知として与えられた。妻が家康の養女（実父は家康の宿老本多忠勝）という徳川家との親類関係にもあったとはいえ、合戦後すぐに、家康の本拠江戸にも伺候していることが確認され、早くから徳川家に従う存在になっていた。

その信之ですら、秀頼から、歳暮祝儀の返礼としての黒印内書を三通与えられているのである。これについてかつては、秀頼が羽柴家当主になった当初のものとみていたが（黒田『真田信之』）、明確な誤りであった。秀頼が黒印内書を発給し始めるのは慶長十年初頭からであったから、これらの黒印内書は、同年以降のものになるからである。そうすると信之は、少なくとも慶長十年から三年以上は、秀頼に歳暮祝儀を贈っていたことになる。これはその頃まで、信之には、秀頼との間で主従関係にあるとの認識があったためと理解される。

もう一つは、河内国狭山領北条家の場合である。狭山領北条家の始祖は、小田原合戦後に北条家当主氏直（うじなお）が秀吉直臣に取り立てられた際に、別個に秀吉直臣に取り立てられた、氏直の叔父氏規（うじのり）である。文禄三年（一五九四）には、その領知は七〇〇〇石弱と規定されている（「北条文書」『戦国遺文　後北条氏編』四五八九号）。秀吉の死後の慶長五年二月に氏規が死去すると、その領知は嫡子氏盛（うじもり）に継承されたが、その安堵状は「三大老」連署状で出されている（同前四五九〇号）。

氏盛は関ヶ原合戦では江戸方に味方し、そのため河内国内七〇〇〇石・下野国内三〇〇〇石の領知を、家康からそのまま安堵されている。ところが氏盛は、同十三年五月七日、十一日後に迎える死去に備えての遺言を家老宛に残すが、そのなかで、家督を継ぐ嫡子太郎助氏勝（のち氏信）について、「秀頼様に出仕させ」「市正（片桐且元）殿に頼むこと」としているのである（「小西八郎氏収集朝比奈文書」『狭山藩北条氏』一二六頁）。すなわち北条家は、羽柴家臣との認識があったことがわかる。その具体的な内容まではわからないが、この段階でもまだ、秀頼は諸大名から出仕をうける存在であったことは注目される。

そうすると、関ヶ原合戦から大坂の陣までの、羽柴家の立場はどうであったのか、それがどのように変化していったのか、ということについては、羽柴家と江戸幕府との関係をみていくだけでなく、諸大名との関係をみていくことが重要に思われる。今後、それぞれの大名家が、羽柴家との関係をどのように変化させていったのか、明らかにしていくことが必要であろう。

第四章

茶々・秀頼と且元の対立

慶長十九年九月（方広寺鐘銘問題、発生直後）

大坂の陣の引き金

慶長十九年（一六一四）九月十八日、片桐且元は、いわゆる方広寺鐘銘問題をめぐる徳川家康との交渉を終えて、家康の本拠の駿河国駿府城から大坂城に帰還した。すぐさま家康からの意向として、問題解決のために示された三ヶ条の条件を、秀頼と茶々に申上した。ところが、その内容に秀頼と茶々は不快を示し、あろうことか且元を殺害しようとしているとのことを、且元に通知してきた者があったため、且元は秀頼・茶々への出仕を取りやめ、城下の屋敷に引き籠もることにした。そしてこれらのことを書状に記して、飛脚（ひきゃく）でそれを家康の宿老本多（ほんだ）正純（まさずみ）に送った。本多正純がその書状をうけとったのは、二十五日のことであった（『駿府記』）。

且元が大坂城に出仕することになっていたのは、これからみていくように二十三日のことであった。出仕の取りやめ、屋敷への引き籠もりはその日のことであったから、おそらく且元が本多正純に宛てた書状を出したのも、その二十三日のことであったとみられる。そうするとその書状は、まる三日で駿府に到着した、ということがわかる。

さらに十月一日には、江戸幕府の京都所司代であった板倉勝重（かつしげ）から、二十五日に起きたこととして、秀頼の有力家臣の大野修理（治長）・青木民部少輔（一重）・石河伊豆（貞政）・薄田隼人正（兼相）・渡辺右衛門佐・木村長門守（重成）・織田左門（頼長）とその他十余人が、秀頼の命令によるとして、且元を殺害しようとし、且元はこのことを知って屋敷に引き籠もった、ということを記した書状が、飛脚で本多正純のもとに届けられた。この報告をうけた家康は、激しく立腹し、大坂攻めのため出馬することを、近江・伊勢・美濃・尾張・三河・遠江各国に命令し、またそのことを江戸城の将軍徳川秀忠にも通知した（『駿府記』）。

なお、ここでは二十五日に起きたこととしているが、且元が屋敷に引き籠もるのは二十三日からのことであったから、これはその時のことをいっているとみられる。この板倉勝重の連絡内容は、二十三日の事態を二十五日付けの書状で連絡した、というものであった、と考えられるであろう。

こうして且元の、秀頼への出仕拒否、屋敷への引き籠もりという事件から、羽柴家を滅亡させることになる大坂の陣が開戦されることになる。秀頼の補佐として、且元だけが頼りであると茶々がいっていたことは、前章で詳しくみたが、それからすでに十年以上が経ち、且元はこの年、五十九歳になっていた。そして秀頼も二十二歳に成長を遂げ、茶々は四十六歳になっていた。いったい、どうしてこのような事態になってしまったのであろうか。事態の経緯を追いながら、考えてみたいと思う。

且元が示した三ヶ条の衝撃――9月18日

そもそも且元が、家康との交渉から大坂に帰還したのが十八日のことであった。且元はその日のうちに、家康から示されていた三つの条件を申上したとみられる。その内容について『駿府記』では、「①秀頼江戸に在すか、②御母儀（茶々）江戸に在すか、③大坂城を退かれ、御国替え然るべし」と記し、「譜牒余録」巻五七に収録された、貞享元年（一六八四）七月一日付けの「片桐又七郎（且昭）条書」では、「①所詮諸国大名衆並に秀頼公御在江戸に候か、②淀殿（茶々）を御証人江戸へ御下候か、③しかざれば大坂御城を差し上げられ、他国にて今の御領分程進められ候」と記している。

二つが伝える内容は、まったく同一とみてよいが、意味合いについては、「片桐又七郎条書」（以下、「片桐条書」と略す）のほうがよく理解できるものとなっている。ちなみに「片桐条書」の原本とみられるものが、「片桐文書」（お茶の水図書館成簣堂文庫所蔵）に存在している。そこでは「大坂一乱起こりの覚書」と題されている（『武家文書の研究と目録（上）』二九四号）。以下では、両者を勘案しながら用いていくものとする。

さて、家康から提示されたという条件とは、秀頼は諸大名と同じく江戸に居住するか、母茶々を人質として江戸に出すか、本拠の大坂城を明け渡して他国に国替えするか、というものであった。これはまさに、秀頼は他の大名と同列になれ、というものであった。

この点については、秀頼もそのように認識していた。秀頼は後の二十三日付けで、薩摩・大隅の国持大名島津家久（初名忠恒、「薩摩少将」）に宛てた書状で（『鹿児島県史料旧記雑録後編四』一一七一号）、

①大坂の城を明け候か、②又屋敷を取り、諸大名の如く江戸に在すか、③是叶わず候わば、母に候者（茶々）を人質に出し候え、

と、条件の順番は異なっているが、①大坂城から退去するか、②諸大名のように江戸に在所するか、③母茶々を人質に出すか、とまとめている。同日付けで、重臣の大野治長が島津家久に出した副状（そえじょう）でも（同前一一七三号）、

①秀頼様江戸へ御詰め成され候か、②御袋様（茶々）御詰め成され候か、③大坂御城御渡し成され候か、

とある。ここでは条件の順番は、『駿府記』「片桐条書」と同じになっている。そうすると秀頼は、家康からの要求のなかで最も重大事としてうけとめていたのは、大坂城を明け渡すことであったのかもしれない。

且元からこの報告をうけた秀頼と茶々は、「秀頼公にも淀殿も、聞きさせられ、此の内一ヶ条も御心底に相叶わず、定めて市正（且元）、御所様（家康）御味方仕り、此くの如く申し候かと仰せられ、先ず先ず市正を如何御はからい有るべきやと、御談合に罷り成る旨の事」（「片桐条書」『大日本史料十二編十四冊』六八一頁）と、提示された三ヶ条については、どれも応じるわけにはいかないとして、このような条件を提示してくるということは、且元は家康に寝返ったのではないかと疑い、且元をどのように扱うか相談するようになった、という。

且元成敗の意見——9月18～19日

且元が大坂城に帰還した十八日、すでに大坂では騒ぎになっていたらしい。『義演准后日記』には、「色立ちこれ有る由也、珍事」とあって、家康への態度を決した動きがあり、とんでもない、と記されている。続いて十九日にも、「雑説、珍事」とあり、何らかのよくない情勢が生じていたことがわかる。大坂城では、且元からの条件提示をうけるとすぐに、全面拒否と、且元への疑心を募らせたことがわかる。

秀頼自身も、二十三日付けの島津家久宛て書状で、「市正（且元）は駿府（家康）に申し合わせたようにみえる。まったく（それらの条件を）取り上げなかった。どうしても先の三ヶ条が調わなかったら、大坂城を持つことはできなくなるので、（家康との悪化した関係を）繕うことはできない（「繕い成らざる」）と、すぐに（且元に）いった。そうなのでよく考えて、これについては一ヶ条も受けいれることはできない。このようにこちらで決めたので、市正を、駿河（家康）への返事を急ぐので、とりあえず行かせることにした」と、そのような条件を取り次いでくる且元について、家康に味方していると疑い、条件はどれも受けいれられないとの返事をするために、且元を再度、駿府に派遣することにした、と述べている。

さらに大野治長の副状では、「三ヶ条のうち、一つをすぐに御決めになるようにと（且元は）いってきたけれども、三つながら秀頼様は同意されなかった。できるだけ大坂城を持ち続けて、今回お考えを表明することを仰られることに決まった（「思し召し立てを立てらるる御理を仰せらくべきに相定まり候」）。こちらでは十月十日までのうちにと思っている」「市正については心変わりしたように見えるので、こちらですぐに御成敗しようと思ったけれども、まずは駿河へ使者として派遣し、（且元の成敗は）そのあとにすることになった」と述べている。

ここでは三ヶ条について、一つなりとも受けいれることはできず、大坂城を持ち続ける考えを決めたことを述べている。三ヶ条の条件を拒否することは、家康に敵対することを意味している。そしてその態度は、十月十日までにははっきりさせることを述べている。また且元については、心変わりをしたとみなして、すぐに誅罰しようとしたが、とりあえず駿府に返事のため派遣することになったので、誅罰はその後のことになったことを述べている。

ここで治長は、且元を誅殺することが秀頼の意向のように述べている。しかし、秀頼の書状にはそのことはみえていない。また治長は、家康に敵対する意向に決まったことを述べて、十月十日までにそれを実現すると述べている。これに続けて治長は、島津家久に対して、軍勢を率いて上洛して、秀頼に味方するように呼びかけているのであるが、秀頼の書状には、家康への敵対に決したことや、島津家久に上洛を要請することについては、みえていない。

このことをどう理解するかは難しい。秀頼の書状では、家康との関係悪化が修復されない状況のみを伝えて、治長の副状で、家康への敵対と味方要請を記す、というように書き分けられているのか、それとも秀頼はそこまで考えていたわけではなく、家康への敵対決定などは、治長が勝手に取り決めたものであったのか、いずれの可能性も考えられるからである。しかしともかくも、治長が且元を誅罰したいという意向にあったことは、明らかといえる。

且元に対抗する大野治長

この大野治長は、茶々の乳母であった大蔵卿局の長男であった。大蔵卿局は、茶々に仕える侍女の筆頭に位置し、すなわち老女として存在していた。いわば家老のような存在であった。治長はその長男で、永禄十二年（一五六九）の生まれであった。茶々とは同年齢にあたる。茶々と治長は乳兄妹であったから、そもそも親密な関係にあった。治長の家系は、尾張国の住人で、織田信長に仕えたようである。母の大蔵卿局は、その関係から、信長の妹市の侍女になり、市が近江北部の国衆浅井長政に嫁した際に付き従い、永禄十二年に茶々が誕生したのちに、その乳母になったと推測される。

茶々が、賤ヶ岳合戦の結果、秀吉に引き取られた後、大蔵卿局の夫の大野佐渡守は、秀吉の家臣となったと伝えられている。治長についても、秀吉に家臣として取り立てられ、秀吉生前では一万石の所領を与えられていた（『当代記』）。治長が秀吉の家臣として明確にみられるようになるのは、茶々が長男鶴松を生んでからのことであり、そこで秀吉の馬廻衆になっている（「秀吉公名護屋御陣之図ニ相添候覚書」）。治長が秀吉家臣に取り立てられたのは、茶々と乳兄妹であったという、茶々との古くからの親密な関係からと考えられる。

慶長四年（一五九九）正月、秀吉の死去をうけて秀頼が羽柴家当主になり、本拠を伏見城から大坂城に移した際、大坂城の勤番が編成されると、詰番衆二番の番頭となっている（『新修徳川家康文書の研究第二輯』）。ここに治長は、秀頼の側近家臣となり、その有力者として位置するようになった。ちなみに詰番衆は二番構成で、もう一つの一番衆の番頭は、杉原伯耆守長房であった。彼は秀吉後室筆頭の北政所寧々の伯父杉原家次の子であった（天正二年生まれ）。いわば寧々と茶々の関係者が、それぞれ番頭を務めたかたちになっている。しかし杉原長房は、関ヶ原合戦後は領国大名として存在するようになり、羽柴家の家政からは離れた。こうして治長は、秀頼側近家臣の筆頭に位置することになったといえるであろう。

このように、治長が秀頼家臣の有力者となったのは、やはり茶々との関係からと考えられる。そのためか両者の間にはあらぬ噂が立てられている。秀吉死後の政争のなかで、治長は家康を暗殺する計画に加担した罪により、家康によって配流されたことに関して、慶長四年十月一日付けで毛利輝元の家臣内藤隆春の書状で、「秀頼の母（「御袋様」）と密通した罪で、誅殺されるべきところ、宇喜多秀家が匿って、自害したとも高野山に逃走したとも」などと記されている（『萩藩閥閲録第三巻』一六九頁）。

このことはまったくの憶測、誤報にすぎないとみられるものの、このような噂が立つこと自体は、治長の存在が、茶々との関係で成り立っていたことからくるものに違いない。そし

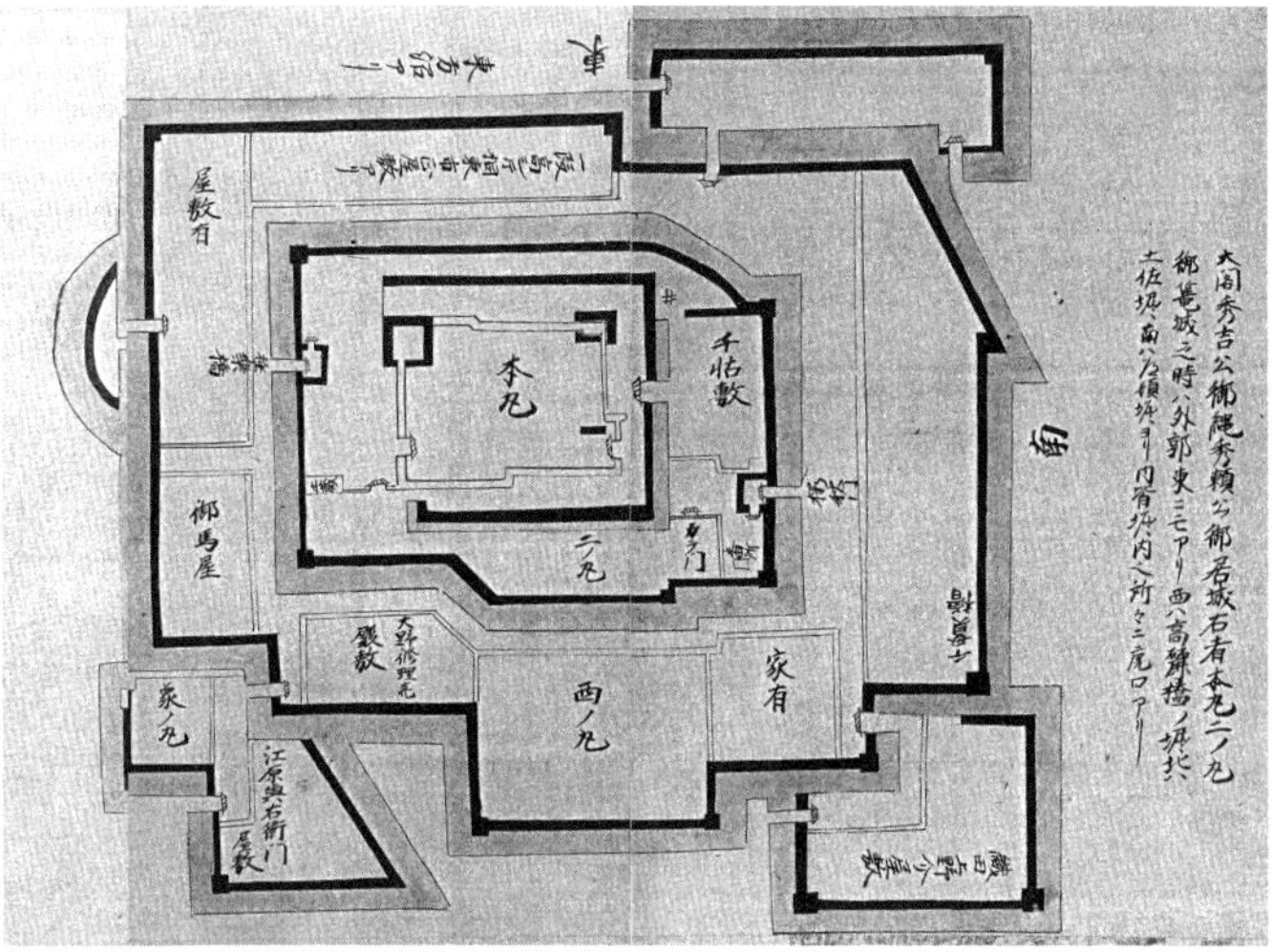

大坂城図の本丸・二の丸（個人蔵）
図中央左下「大野修理亮殿敷」と見える箇所が治長の屋敷。

て治長は、関ヶ原合戦後に秀頼家臣として復帰を遂げ、以後は秀頼側近家臣の筆頭的存在に位置した。先ほどあげた秀頼の島津家久宛の書状に、治長が副状を付けているのは、その最たることといえるであろう。また屋敷は、大坂城内二の丸西方に所在していたようである（「慶長十九年甲寅冬大坂絵図」『秀吉と大坂』八七頁）。

これに対して且元は、関ヶ原合戦後から秀頼の家老として存在し、慶長九年にもう一人の家老であった小出秀政が死去すると、且元は羽柴家の唯一の家老として位置した。しかもその役割は、後に触れるように、羽柴家の財政を一手に取り仕切るものであった。さらには羽柴家の外交についても、ほぼ一手に引き受けている存在であった。福田千鶴氏の調査によれば、秀頼の発給文書一八一通のうち、副状発給者など取次者がみえる一三一通のうち、且元が取次を務めているのは一〇〇通あり、圧倒的な割合を占めている。ちなみにそれ以外では、且元の弟貞隆が二一通でそれに次いでおり、大野治長一族では、治長が二通、その嫡子弥太郎頼直が一通、大蔵卿局が三通という具合でしかない。羽柴家の家政において、且元の存在が圧倒的なものであったことがわかる。

ここから想像されることは、治長は茶々の老女大蔵卿局の嫡男として、また秀頼側近家臣の筆頭者として、羽柴家の家政をめぐって、且元とは対抗関係にあったことであろう。実際に、この後に且元が羽柴家から離れると、治長はそれに代わって家老になるのである。そしてとくに、江戸幕府との関係の取り方について、且元とは意見を異にしていた。それが且元に対し、家康に寝返ったと評価し、且元を誅殺して、家康に敵対するという考えに展開していったものと思われる。

且元、家中に奉書を出す――9月20日

ともかくも且元は、再度、駿府に下向して、家康と交渉することになったようである。こ

のことは且元自身が、二十日付けの書状で、すぐに再び駿府に参向することを、家康側近の金地院崇伝に伝えていることから明らかである（『本光国師日記』）。先の秀頼の書状にもみえていたように、茶々と秀頼は、条件にはすべて応じられない旨の返事を家康にする必要があり、そのため且元を再び駿府に派遣して、家康と再度交渉させようと考えたことによると思われる。

この時点で且元が、大野治長が自身の誅殺を主張していたことなどについて認識していたのかはわからない。しかし、少なくとも且元が、羽柴家のこの後の行く末のために、再度、家康との交渉に臨むつもりであったことは間違いない。

しかも且元は、三ヶ条の提示後に俄に生じた羽柴家中にみられた混乱状況について、且元なりに収拾に取り組んでいた様子がうかがえる。そのことを示すのが、同じ二十日付けで、且元が羽柴家中に向けて出した定めの条々である（「矢島文書」『柳川市史史料編Ⅴ下』二七二頁）。

定め

一つ、御城中で家臣がもし争いがあり、そのうえ心配なので、いつものように肩衣・袴を着て、草履取り一人だけを連れて参上しなさい。それも留める人がいたならば、途中で確認があった時には、その留める者は理由を述べなさい。

一つ、口論・喧嘩については、「東両　御所様」（徳川家康・秀忠）の御法度のように、少しも支援（「かいはう」）してはいけない。その当人に先立って、支援する人は曲事に言い付ける。

一つ、小姓衆・馬廻衆は、誰であっても争いがあっても、その場所に駆けつけ、見舞することは一切してはならない。落着の話し合いについては、組頭衆に頼んで、その処置をすべきである。

一つ、組のなかで間柄が悪い者がいたならば、組頭が内々にその組の人々で仲直しして、問題の無いようにしなさい。もしそれぞれの意見に納得しない人がいたならば、私のところまでその名を連絡してきなさい。

一つ、見物・遊興をする場合には、その組中一同で行いなさい。隠れて若い者だけで歩く様なことは無いように、きつく伝達しなさい。

これらの条文に違反した者がいたならば、すぐに知行を没収するか、その罰の軽重によって処罰を、（秀頼様が）言いつけになる。

慶長十九年九月二十日　　片桐市正（且元）判

これは且元の署名・花押によって出されているものの、最後の文章は、「仰せ付けらるべき旨」と述べていることから、主人である秀頼の意向をもとに出したものになる。すなわち且元の奉書として出されている。

ここでは大坂城内での、羽柴家の家臣同士の争いについて規制が図られている。そしてこの条文に違反した場合には、秀頼から与えられている知行を没収するか、罪の度合いによって処罰するか、と規定している。そしてそれを判断するのは、例えば四条目に、その者の名を自分まで連絡するようにいっていることをみてもわかるように、家老の且元であった。決して秀頼に上申されるのではなく、その手前の且元で処理されることがわかる。また且元から指示をうけているものとして、小姓衆・馬廻衆やその組頭もあげられている。

ちなみに秀頼の馬廻衆・小姓衆（近習衆）は七組に編成されており、それを七手組などと称していて、組頭とは、その各組の頭のことである。具体的には、速水甲斐守守久・伊東丹後守長次・青木民部少輔一重・堀田図書頭・野々村伊予守吉安・真野蔵人頭宗信・中島式部少輔であり、野々村を除いていずれも、秀吉以来、そうした組頭を引き続き務めてきたものか、その後継者であった。いわば、古参の家臣にあたるといってよい。

この条書で規制の対象になっているのは、すべての羽柴家の家臣であった。且元は家老として、それらに対して、行動規制をかけたのである。またこうした処置が執れることからみて、且元が家臣全体に対して、統制する立場にあったことがわかる。当然ながらそこには、大野治長も含まれることになる。

自身が大坂城に帰還してから、羽柴家中のなかで騒然とした状況になっている情勢をみて、且元は家中に対する取締を強化する必要があるとみて、この条書を出したと考えられる。それを且元が、秀頼の意向をうけたかたちで出しているのは、秀頼との関係からすれば、あくまでも同僚にすぎない家中に対する取締だからであろう。しかし且元が、その間に秀頼にこの発給の許可を得た形跡はみられない。

このことからすると且元は、羽柴家の家老として、家政に関わることについては、秀頼から実際の許可をうることなく、対応できたことがうかがわれる。いわば且元が、家老としてとる行動は、秀頼の直接の意向のある・なしに関わらず、すべて秀頼の意向として扱われるものであったことがうかがわれるのである。ここにも且元が、羽柴家の家政において絶大な権力を有していたことがわかる。

また、この条文のなかで、口論・喧嘩についての規制にあたっては、徳川家康・秀忠父子の法度を引き合いに出し、それに準拠する姿勢をみせている。これは且元が、江戸幕府を中央政権として認識し、羽柴家であってもそれに従う関係にあると認識していたことを意味していよう。

しかし、こうした且元の存在は、秀頼に近仕(きんじ)する大野治長にとっては、認め難いものがあったに違いない。すでに治長も四十六歳になっていて、羽柴家の家政を運営するに相応しい年齢になっていた。羽柴家の家政運営の実権をめぐって、且元に対抗する意志が生じていたとみても不思議ではなかろう。

織田常真から連絡届く――9月23日未明

且元が、羽柴家中内の不穏な情勢に対して、家中の取締というかたちをとってきたことをうけてか、大野治長とそれに与同(よどう)する秀頼の重臣たちは、二十二日の夜になって、且元襲撃を計画したらしい。「片桐条書」はその状況を次のように伝えている（『大日本史料十二編十四冊』六八一～六八二頁）。現代語訳によって示しておこう。

同二十二日の夜、大岡雅楽頭の所で、大野修理（治長）・木村長門（重成）・渡辺内蔵助などが（家康に敵対の）態度を明確にすること（「色立ち」）を取り決めたことを、織田常真(じょうしん)（信雄）家来生駒長兵衛と梅心の二人がそれを知ったとのことで、二十三日未明に常真から市正（且元）へ内密に知らせる書状がやってきたため、それに返事しないまま、家来小島庄兵衛を、常真からの使者二人に付き添わせて、常真のもとに派遣した。常真が小島庄兵衛にいい聞かせたことは、且元の身の上が大事になっている、ということを且元に伝え聞かせなさい、他言しないことを誓いなさい（「金打ち仕り候へ」）とのことなので、その通りにした。

そうして常真がいうには、「大坂御本丸」などに詰める若い家臣の所で取り決めがあり、今回の三ヶ条については一つも同意できないので、且元を欺して駿河に派遣して、その後に且元の妻子や家臣たちと片桐主膳正（貞隆）を殺害して、（家康に敵対の）態度を明らかにするか、もしくは且元にまず切腹を（秀頼から）命じてもらうか、と相談したけれども、昨夜（二十二日）に取り決められたのは、且元には、茶々（「淀殿」）に対面して、相談すべきであるとして、御本丸へ参るようにと（秀頼から）命じてもらって、出仕してきたところを廊下で殺害して、貞隆については千畳敷で討ち、その後に且元・貞隆の屋敷に攻め懸かって、妻子や家来を滅ぼして、火をかけて、大坂城に籠城することにする、という取り決めである。且元・貞隆の討ち手は城内に配置されている。とんでもないことと考えて、且元に内通におよんだ、ということであった。

小島庄兵衛は、常真に対して、まずは有り難いことです、このうえは且元が納得できるように、書状で欲しい、といったところ、（常真は）尤もなことではあるが、時間が経ってしまっているので、誓約をしよう（「金打ちを遂げられ候」）と、常真は、誓言のうえで「金打ち」し、梅心・生駒長兵衛も「金打ち」したので、急いで（且元のもとに）帰って、且元に詳しく報告した。（且元は）俄に病気になったと連絡し、その日から（城に）出仕しなくなった。

且元に、大野治長らによる襲撃計画があることを連絡してきたのは、織田常真であった。彼の実名は信雄で、いうまでもなくかつての「天下人」織田信長の次男で、織田宗家の当主である。天正十年（一五八二）の本能寺の変により、「天下人」信長とその嫡子で織田家当主の信忠が横死したのち、織田政権では、いわゆる「清須会議」において、信忠の嫡子三法師（のち秀信）を織田家当主に据えた。ところがその後、信雄・羽柴秀吉と、信長の三男信孝・柴田勝家を中心とする権力抗争が展開し、そのなかで信雄は、秀吉によって新たな織田家当主に擁立された。こうして信雄は、織田宗家の当主になり、秀信は当主継承予定者の地位に下げられたのであった。

そして同十一年の賤ヶ岳合戦で、秀吉は柴田勝家を滅ぼして、当主信雄に対して、「指南」として後見役となって、織田政権の実権を掌握した。しかしその後、これもよく知られていることではあるが、同十二年になって、当主信雄と「指南」秀吉は政治対立し、小牧・長久

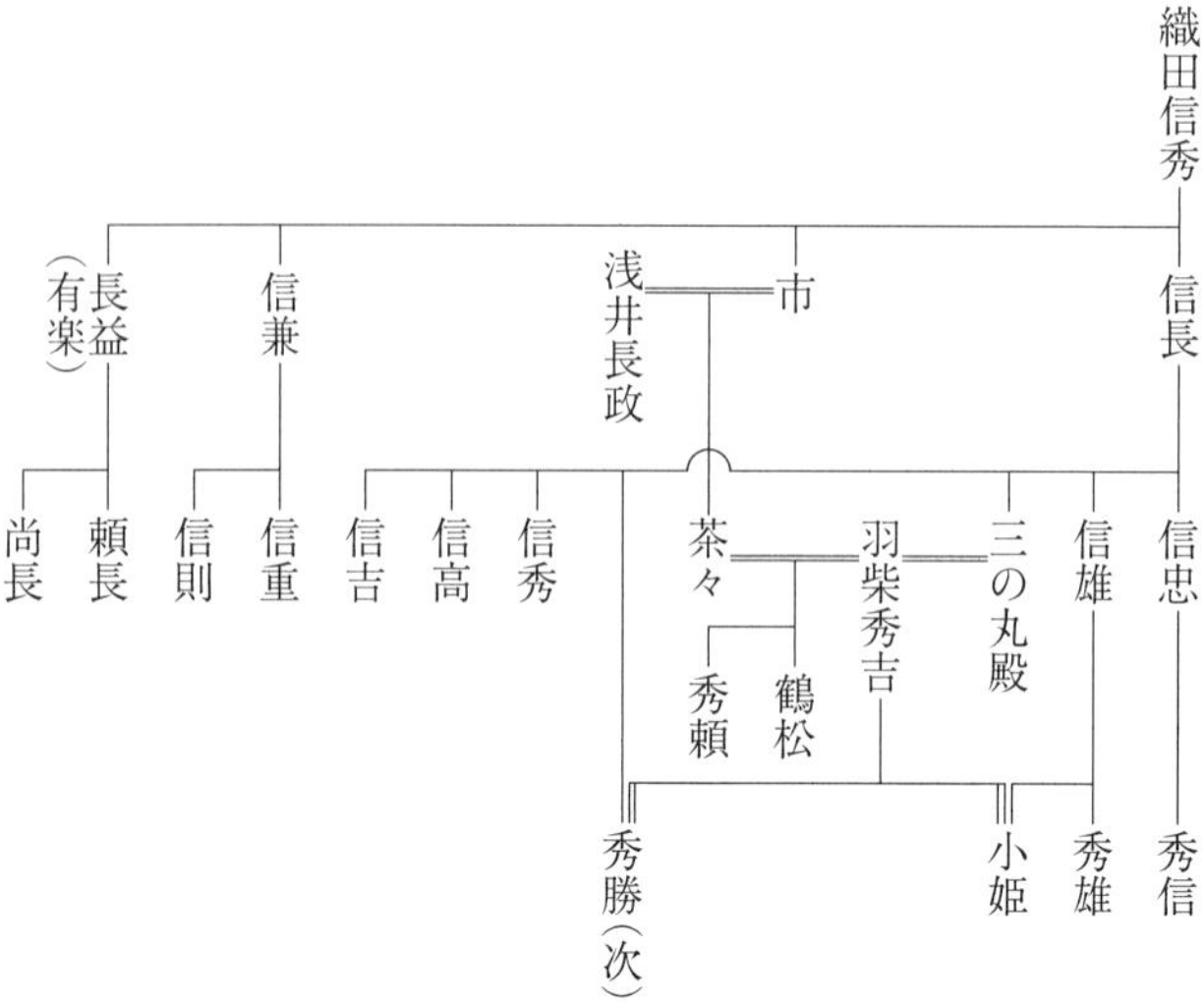

茶々と織田氏一族

手合戦が展開され、信雄は秀吉に敗北して屈服、それをうけて秀吉は、自身を主宰者とする羽柴政権を樹立することになる。信雄は秀吉のもとで存続と、織田宗家当主の地位も認められた。

しかもそこでは、内大臣の官職を与えられ、武家のなかでは関白秀吉に次ぐ地位を認められた。さらには、秀吉に服属した有力大名は、羽柴名字・豊臣姓を与えられて、羽柴家の「御一家（ごいっか）」に編成されたが、この信雄のみは、それらを与えられることはなく、終生、織田名字・平姓（たいらせい）で過ごすのである。これはかつての主人を自らの「御一家」扱いにすることはできないという、秀吉の遠慮によるものと思われる。

ところが天正十八年、「関東仕置」によって、信雄は旧家康領国への転封を命じられるが、信雄はこれを拒否し、そのため秀吉から改易され、関東に配流、隠遁することになった。ここに有力領国大名であった織田宗家は没落をみることになる。そして隠遁後に出家して、法名常真を名乗ることになる。しかし、それから二年後の文禄元年（一五九二）に、秀吉から赦免され、秀吉の御咄衆になる一方で、嫡子秀雄とともに、近江国大溝領、次いで越前国大野領四万五〇〇〇石の領知を与えられ、領国大名として復活をみる。

織田常真〔信雄〕像（總見寺蔵）

しかし、慶長五年（一六〇〇）の関ヶ原合戦では、嫡子秀雄とともに、大坂方に味方したため、戦後は領知を没収され、再び没落をみることになった。そしてその後は、秀頼から扶持給を与えられて、大坂城下で隠遁生活を送っていたとされている。

このように常真は、領主としては存在しなくなっていた。しかし織田宗家の当主、前内大臣という高い地位から、いまだ武家からは一定の敬意をうけるような存在であったといえる。その常真が、大坂城内における且元暗殺の動きを摑むと、これを且元に密かに連絡したのである。

その内容は、秀頼に仕える若手の家臣たち、それは大野治長・木村重成・渡辺内蔵助・大岡雅楽頭であったが、さらに本章の冒頭で触れた板倉勝重書状によれば、この他に青木一重・石河貞政・薄田兼相・織田頼長（信雄の叔父長益・有楽の子）も加わっていたことが知られる。彼らは二十二日の夜に、且元をどうするかについて相談し、最終的には、且元を茶々に出仕させるように計らって、その際、廊下で殺害し、且元の弟の貞隆も本丸御殿の千畳敷御殿で殺害、さらに両者の屋敷に攻め寄せて妻子・家来を殺害することに決めて、すでに討ち手の配備が行われている、というものであった。

且元襲撃を懸念する常真

常真は、家臣の生駒長兵衛・梅心という者から、そのような且元に関わる重大事が起きていることを聞いて、二十三日の未明に、且元にそのことを知らせる書状を送った。この書状は、その後も片桐家に伝来されることになり、「譜牒余録」にも、茶々・秀頼からの書状類とともに収められている。それが次のものになる。

参考・織田常真書状写（「譜牒余録」『大日本史料十二編十四冊』六八二頁）

（原文）

尚々貴様次第ニ誰にても可然候、とかく〳〵承候子細候間、今日之御出仕返々御やめ可被成候、委細の事、御返事次第ニ申度候、已上、

一筆申候、今度之御気遣不及是非次第候、左様ニ候へハ、此たひの御様子、何共御せうし成体と、内々風聞承申候、それに付て貴様今日之御出仕之事、うけ給候子細候条、是非共〳〵御延引候へく候、為其如此候、此段ふあんニ被存候へく候、たしかに御聞届度候ハヽ、たれニても貴様次第ニ可給候、我々承届候分、申進候、度々有無ニ今日之御城へ之御出仕を御やめ候へく候、御出仕候てからハヽ、何事も申度事も御談合不被成事候、貴様次第ニ条々申入度事御入候間、具ニ申度候へ共、夜明申候条、急一書令申候、恐々謹言、

九月廿三日　名判

片桐市正殿　常真

まいる

（本文読み下し）

一筆申し候、今度の御気遣い是非に及ばざる次第に候、左様に候えば、此たびの御様子、何共御しょうし成る体と、内々風聞承り申し候、それに付いて貴様今日の御出仕の事、うけ給わり候子細候条、是非共是非共御延引候べく候、其の為かくの如くに候、此の段ふあんに存ぜられ候べく候、たしかに御聞き届けたく候わば、だれにても貴様次第に給うべく候、我々承り届け候分、申し進らせ候、度々有無に今日の御城への御出仕を御やめ候べく候、御出仕候てからは、何事も申したき事も御談合成られざる事に候、貴様次第に条々申し入れたき事御入り候間、具に申したく候え共、夜明け申し候条、急ぎ一書を申せしめ候、恐々謹言、

尚々貴様次第に誰にても然るべく候、とかくとかく承り候子細に候間、今日の御出仕返す返す御やめ成さるべく候、委細の事は、御返事次第に申したく候、已上、

（本文現代語訳）

手紙を出します、今回の（あなたの）御懸念は仕方のないことです、そうであるので、今回のご様子は何ともおかしな事態と、内々に伝え聞いて知っています、それについて

あなたの今日の（茶々への）御出仕について、うかがっている事情であるので、是非とも是非とも御延ばしされたほうがいいです、そのためこのように（手紙を出しました）、このことについては不安に思われることでしょう、しっかりと（あなたに事情を）ご説明したいので、誰でもいいからあなたの意向で（使者）をお寄越しください、私が承知している内容を、お伝えします、何度も「有無に」（有る無しにかかわらずカ）今日の御城への御出仕はお止めなさい、御出仕してからでは、何事も言いたいこともご相談できなくなります、あなたの意向でいろいろ（の事を）お伝えしたいことがありますので、くわしく言いたいけれども、夜明けになってしまったので、急いで手紙で申します、尚、あなたの意向で誰でもいいです、いろいろ知っている事情があるので、今日の（茶々への）御出仕はくれぐれもお止めになったほうがいいです、詳しいことは（あなたからの）御返事が有り次第にいいます、以上、

ここで常真は、且元に対して、今日・二十三日の茶々への出仕に関して、知っていることがありそれを伝えたいこと、出仕してからでは事情を説明できなくなるので、今日の出仕は取りやめるように勧告したものとなっている。そして事情説明のために、家来の派遣を求めている。そうして且元は、これをうけて、家臣の小島庄兵衛という者を、常真のもとに派遣

することになる。

ところで常真は、この書状の冒頭、内々に伝え聞いていることとして、すでに且元が、今回の事態について、懸念に思っていることに触れている。具体的なことは書かれていないため、何についてのことか明確ではないが、おそらくは再度の駿府行きのことではないかと思われる。あるいは、家康からの意向としての条件を、秀頼・茶々らがまったく受けいれないばかりでなく、あろうことか且元が家康に味方しているような捉え方を示しているので、そのことを指しているとも考えられる。

いずれにしても且元がこの時、秀頼・茶々らの態度に、何らかの懸念を抱くような状況が生まれていたらしく、そのことは常真も内々に伝え聞いていたようなのである。且元襲撃の謀議が行われたのは、二十二日の夜のことであったらしいが、すでにその日の午後二時頃（未刻）、豊国社別当を務める神竜院梵舜は、且元への見舞のため大坂に赴いて、且元に書状で申し入れを行い、土産として松茸三〇本を届けた。且元はこれに直接には対応せず、その妻が対応したらしいが、その時、「内儀以ての外恐怖の体」と、且元の妻は、とても怖がっていた、というのである（『舜旧記』）

そうすると且元たちは、何か不測の事態が生じかねないような雰囲気を、この日にはすでに感じていたのかもしれない。そうしたなかで、常真から内通の書状が送られてきたのであった。

且元、出仕を取り止める――9月23日

常真から事態の説明をうけた且元は、常真の勧告通り、用心のために、二十三日の出仕についてては、病気ということにして取り止めた。このことに関して、京都所司代の板倉勝重が、九月二十八日付けで徳川家の有力大名であった本多忠政に送った書状のなかで、

廿三日に市正（且元）を切り申すべき談合、津田左門（織田頼長）・大野修理（治長）雑言仕る儀に候処、市正聞き付け、用心し其の覚悟を仕り候に付いて、罷り成らず、

と記していて、二十三日に、且元を殺害しようとする相談を、織田頼長・大野治長が行っていることを、且元が聞きつけ、用心するよう考えるようになって、実現することはできなかった、ということがみえる（「大伴来目雄氏所蔵文書」『大日本史料十二編十四冊』一一一三頁）。ここでは、且元暗殺を企てる中心人物として、織田頼長と大野治長が挙げられている。そして、それに与同した秀頼家臣には、これまでの史料に出てきていた者として、木村重成・渡

辺内蔵助・大岡雅楽頭・青木一重・石河貞政・薄田兼相らがいた。

もっとも且元は、二十三日の出仕については、取り止めにしただけであったようである。二十四日には、金地院崇伝に宛てて、「廿六日時分に御下向有るべしと御内存の処、御返事の様子、今少し究めかね候て、御延引笑止に思し召す由」と、駿府への再度の下向については、二十六日頃に出立するつもりであるが、今少し決めかねていて、下向が延びていることはおかしなことと思っている、という内容を書き送っている（『本光国師日記』）。且元は、あくまでも駿府に再下向するつもりであったことがわかる。

且元の駿府再下向については、京都の公家衆も承知のことであったらしく、二十五日、公家の西洞院時慶（にしのとういんときよし）は、「市正（且元）、今日駿府へ又越すと風聞」と、この日に且元が駿府へ再下向するようだ、と観測されていることを記している（『時慶卿記』）。下向を延ばすのはよくない、といっていたことからすると、二十六日に出立する予定から、一日早めるようにしたのかもしれない。

織田頼長、幕府との抗戦を望む

大野治長と並んで、且元暗殺の首謀者とみられている人物に、織田頼長がいた。彼の父は、信長の弟で、信雄には叔父にあたる織田有楽（実名は長益）であった。頼長はその次男で、この時は嫡子の立場にあった。天正十年（一五八二）の生まれで、この時には三十三歳であったから、茶々や大野治長よりも一回り以上若い存在であった。

父の有楽は、慶長七年（一六〇二）五月の時点で、「秀頼卿御親類執事也」といわれていることから（『義演准后日記』）、秀頼の家臣のなかでも、親類衆筆頭の立場にあったことがうかがわれる。すなわち有楽は、秀頼の親類として、他の羽柴家中とは一線を画す立場にあったとみられる。もちろん家政は、家老の且元が取り仕切っていたものの、親類衆として一定の影響力はあったものと思われる。屋敷も、大坂城内の二の丸の東方に与えられていた。実は且元の屋敷も、同じ辺りに存在していた。屋敷の所在地からみても、有楽は、政治的な地位からすれば、且元にひけをとらない立場にあったことがわかる。有楽がそのような地位にあったのは、茶々の叔父であったからに他なるまい。

そもそも秀吉は、織田家の一族を親類衆として処遇していたことがうかがわれる。織田宗家当主信雄（常真）の嫡子秀雄、織田嫡流家の当主秀信（信雄の兄信忠の嫡子）、信雄の叔父信兼・長益（有楽）、信雄の弟信秀について、侍従以上の官職に任じて公家成大名とし、さらには羽柴名字を与えている。それだけでなく、信兼の嫡子信重も公家成大名とされていた可能性もあり、また公家成大名とはされなかった、信秀の弟信高・信吉についても、羽柴名

織田有楽斎〔長益〕像（正伝永源院蔵）

字を与えていた。こうした織田家一族に対する扱い方は、秀吉がそれらを親類衆として扱っていたとみられるのである（黒田『羽柴を名乗った人々』）。

それは秀吉が、信長の娘、すなわち信雄の妹にあたる「三の丸殿」を妻の一人とし、そして秀吉の妻の一人であった茶々も、信雄の従妹にあたる存在であった。そのようなことから織田家の一族は、秀吉の妻の係累という関係にあったのである。そのため秀吉は、織田家の一族を、親類衆として扱い、領知は大きくなくても、公家成大名の身分を与え、また羽柴名字を与えたと考えられるのである。

頼長もまた、羽柴名字を与えられていた。ただし、頼長が羽柴名字でみえるのは、慶長九年八月の豊国社臨時祭礼においてと、同十三年八月に家康に駿府城失火の見舞に進物を献上した際のことであった。そのため、これを秀吉から与えられたのか、秀吉の死後に秀頼から与えられたのかはわからない。それまでに頼長がみえる史料がないことからすると、秀頼から与えられた可能性が高いように思われる。

しかしその後は、織田名字ないしは津田名字でみえるようになっている。ちょうど直後の時期になる同十四年九月に、猪熊事件に関与したとして江戸幕府から穿鑿をうけたため、秀頼への出仕は停止され、有楽とも仲違いになったらしく、牢人して京都に居住したらしい。その時に出家して「雲生寺」を称し、河内国で閑居したという。こうしたことのため羽柴名字を名乗ることはできなくなったのではないかと思われる。しかしながら慶長十八年頃には、秀頼の家臣として復帰を果たしていたようである。

後の十月二日に、本多正純が幕府方大名の藤堂高虎に送った書状では、「有楽の子の左門尉（頼長）も、大坂へ（大野治長に協力して）駆けつけたとのことだ」（「藤堂家文書」『大日本史料十二編十四冊』一一一四頁）といい、同日付けで板倉勝重は、大工頭中井大和守正清に宛てた書状で、「以前に左門（頼長）は、有楽からも沙汰の限りと言っている人を何人も引き込もうとしていて、今では大坂で駆け回っているとのことだ」と、頼長の評判を述べている（『大工頭中井家文書』三号）。どうやら頼長は、事態を聞きつけて、父有楽からろくでもないといわれていた牢人たちを引き連れて、大坂城にやってきたものであったらしい。

そもそも、この頼長は〝当代一の傾き者〟として知られていたらしい。それに関わるエピソードもいくつか伝えられている。もっともそれらを伝える史料は、いずれも当時のものではないので、そうした話がどこまで事実であったのかは不明とせざるをえない。しかし、そうした雰囲気を感じさせるものがある。その後の二十六日頃に、板倉勝重が本多正純に飛脚で送った書状に、「市正（且元）が駿河に下向したら、秀頼を大坂城から追い出して、織田常真を大坂城に入れて、大将にして籠城しよう、ということを織田左門たちが相談した」ということが記されていた（『当代記』）。

この書状が本多正純のもとに届けられたのは、先に二十三日の且元が屋敷に引き籠もったことを伝える書状が到着して、すぐのことであった。そうするとこの書状が出されたのは、その書状と同じく二十六日のことのように思われる。且元が駿河に下向することは、その二十六日頃まで取り沙汰されていたことからすると、時期的にみて、こうした話が出てもおかしくはない。これも伝聞にすぎないものの、それによれば、頼長は、秀頼を追放して、織田常真を大坂方の惣大将に担いで、籠城して幕府方に対抗しようと考えたらしいのである。

ここに頼長の立場をみることができるようである。頼長は、羽柴家の存続を考えていたのではなく、大坂城で幕府方に抗戦することを第一に考えたらしいのである。それまで秀頼によって扶持されていたにもかかわらず、である。こうしたところに、頼長の傾き者としての不可思議な思考回路をうかがうことができるように思う。

それとともにここで注目されるのは、頼長が幕府方に抗戦するにあたって、秀頼の追放も辞さないでいたことである。そのことは逆に、秀頼が、幕府方への抗戦に積極的ではなかったことを示しているといえる。そうすると秀頼が、且元を誅殺しようとしたり、積極的に幕府に抵抗しようとしていたのではなかった可能性が高いとみられる。先に二十三日付けの秀頼書状と大野治長副状の内容に、その点についての懸隔(けんかく)がみられていたことに触れたが、この頼長の態度をみてみると、やはり秀頼にそれらへの積極性はなかったのではないかと思われる。

こうしてみていくと、且元襲撃を計画した織田頼長・大野治長は、秀頼の意向とは無関係に、そのような行為を図ったものと思われる。そして且元を誅殺すれば、それは幕府への敵対行為となることは充分に認識されていたことからみて、彼らは幕府に敵対することも厭(いと)わなかったのであろう。頼長は親類衆筆頭織田有楽の嫡子、治長は秀頼近臣の筆頭者という具合に、いずれも羽柴家の家政をめぐって、且元とはいわばライバル関係にあったとみなされる存在といえる。両者が且元を誅殺しようとしたのは、そこに起因していたに違いない。

もっとも頼長と治長とでは、その動機はまったく同じであったわけでもないように思われる。治長の場合は、先に述べたように、羽柴家の家政における実権をめぐり相克(そうこく)する関係にあったように思われるが、頼長については、今みたように、幕府方との抗戦を優先していたらしいからである。しかし動機はともあれ、両者は、羽柴家から且元を追い落とすことについて、意見を一致させたのであった。

信頼と疑念に揺れる茶々と秀頼——9月23〜25日

さて、且元の出仕取り止めをうけた茶々と秀頼らは、どう対応したのか。「片桐条書」には次のようにみえている（『大日本史料十二編十四冊』一一一七頁）。

九月二十三日に、且元が登城しなかったので、茶々（「淀殿」）・秀頼は不審に思って、近習衆を代わる代わる且元のもとに見舞に派遣し、茶々の侍女の大蔵卿局・二位局などが、且元のもとに内々で派遣された。その後、茶々と秀頼から、数通の「御謀り」の書状と、茶々の起請文（「御誓詞」）が且元に出された。

茶々と秀頼は、且元の態度を不審に思って、秀頼の近習衆や茶々の侍女を、次々に且元のもとに派遣したという。そしてその後に、茶々と秀頼から数通の書状が出されたという。この数通の書状こそ、文書③から⑥にあたる。それらについては、次章において順に取り上げることになる。

このあたりの経緯については、秀頼家臣であった今木原右衛門一政（のち浅井一政と称した）の回想録『浅井一政自記』に詳しく記されている。その内容をかいつまんでみていくことにしたい（『大日本史料十二編二十冊』一八五〜一八九頁）。

二十三日の朝に、今木は且元の二の丸東方に位置する上屋敷に出向いたところ、且元は、城に出仕したらそのまま駿河に下向する用意をしていた。そのまま今木は登城すると、本丸御殿千畳敷に隣接する時計の間の西方に、渡辺内蔵助と木村重成がいて、今木を出迎えて、「市正（且元）は登城するか」と問うてきたので、「すぐに登城するとのことだ」と返答して、千畳敷の裏を通って行くと、秀頼が千畳敷の上段二段目に入った。今木は北側の縁（廊下）に着して秀頼の御前に伺候したところ、秀頼から「市正は出仕してくるか」と問われたので、「すぐにやってきます」と返答した。

先の「片桐条書」では、且元の出仕は茶々に対して、となっていたが、ここでは秀頼に対して、となっている。且元の主人はあくまでも秀頼であったから、このほうが自然であろう。

今木は秀頼の御前にしばらくいたところ、坊主たちが呼び立ててきて、「市正は用事があるので出仕できない」と伝えられた。このようなことなので、且元の屋敷を訪ねたところ、且元家臣の梅戸平右衛門尉可良と梅戸八右衛門尉貞子が応対し、貞子の部屋へ呼ばれて、「思いがけない出来事があったため、市正は御城に出仕しない。どうしてでしょうか」と尋ねると、貞子は「内々あなたが言うことは確かなことだ。今日市正を御成敗するとのことを、ある方から知らせてきた。ともかく市正に会っていただきたい」といった。

ここでいう「ある方」とは、いうまでもなく織田常真のことであろう。

今木は且元の前に出ると、且元は「内々あなたがいっていることは本当だ、家が潰れようとする時は、主柱が必ず折れるものである。とても困ったことだ」といった。今木は「どういうことでしょうか」と尋ねると、且元は「今日自分を成敗するとのことだ」といった。今木は「とても思いも寄らぬ事態であり、いう言葉もありません」といって、且元の前から退いて、貞子の部屋に行って、「どうするつもりか」というと、貞子は「市正の心中は毛頭秀頼様に対して蔑ろには思っていない。このことは私が保証する。秀頼(「殿様」)へ何とか弁明することはできないだろうか」といった。そしていろいろと相談した。

今木は再び且元の前に出て、「蔑ろにしていないことを、さしでがましいですが、一応（秀頼に）申し上げてみるつもりです。御心中を残さず私に言い聞かせていただきたい」というと、且元は秀頼を蔑ろにしていないことを話した。そこで且元に「人質を出されますか」というと、且元は「いかにも出そう」といった。

その後、今木は城に出ていくと、千畳敷の上段二段目に、秀頼はいまだ居た。茶々の侍女の饗庭局（あえばのつぼね）に、児小姓を通じて、「お話があるので奥にお移りいただきたい」と申し上げたけれども返事がなかった。再度申し上げると、秀頼は千畳敷を立たれた。今木は装束の間の廊下に居て、「帝鑑の間にお入りいただきたい」と申し上げると、秀頼は今木を連れて入った。今木は饗庭局に、「ここには誰も入れないでほしい」というと、饗庭局も「そこにお入りください」と秀頼にいった。

秀頼は今木に、「思いがけない出来事が起きたが、どうしたのか」と問うと、今木は「市正を御成敗するとのことを聞いて、今日は出仕せず、屋敷に引き籠もりました」と答えると、「天道も照覧あれ、俺は知らぬ」といい、「どうしたらいいかとお前は思うか」といってきたので、「市正の心中を梅戸貞子に尋ねたところ、毛頭市正に二心のことはなく、妨害するものがあって悪くお耳に入っていることがあるのではないかといっている。また市正にも尋ねると、人質を出すつもりといっていた。これで市正の心中ははっきりしている。御手廻りの家臣少しを連れて市正のところへ行かれて、御頼みにするのがよいと思います。市正は人質を出すつもりといっているので、このうえお疑いなされる必要はないのでは」というと、秀頼はしばらく考えて、「けれども市正の心中はわからない。又どうしたらよいかと思うか」といった。今木は「このうえは、只今天道に御誓いされているので、その旨の御書を出されて、市正の心中を御聞きなされるのがよろしい」というと、秀頼は「ならば書状を出そう」といった。

ここで注目されるのは、秀頼が、且元を成敗するとのことについて、「天道に誓って知らない」といっていることであろう。秀頼が嘘をいっているようには感じられないので、それは本心からのことであったとみていいと思われる。だからこそ、且元を出仕させるためにはどうしたらよいか、と考えているのであろう。そうであれば、織田頼長・大野治長らによる且元誅殺の動きは、やはり彼らの独断によるものであったことになろう。

その一方で秀頼は、出仕してこない且元について、本当に二心がないのか判断しかねていたこともうかがわれる。且元が例の三ヶ条の条件を提示してきたことから、秀頼は且元の態度に疑念を抱いたことは、二十三日付けの島津家久宛の書状にも明記されていたから、秀頼が且元に対して、ある程度の疑念を持っていたことは間違いない。それがここでも、且元の心中はわからない、と発言させているのであろう。

もう一つ、注目していいと思われるのが、秀頼の反応であろう。ここで秀頼は、且元にどのように対応するかにあたって、すべて今木に「どうしたらよいか」と問うているだけなのである。もちろん問題が、羽柴家の家老である且元が出仕してこない、という羽柴家の家政を左右する重大問題であるから、簡単に判断を下せなかったということもあろう。しかし、ここからうかがわれるのは、むしろ独自に政治判断する能力が未熟ともいうべき姿であろう。

ただ、それは仕方のないことのように思われる。そもそも秀頼は、充分な政治経験を積むことなく、羽柴家の当主になったのであり、以後においても家老の且元に、とりわけ外交問題については切り盛りの一切を委ねていたのである。そのためこれまでは、単独で、このような高度な政治判断を求められるような場面に遭遇したことはなかったに違いない。いってみれば秀頼は、ここに初めて、高度な政治判断を求められる事態に直面したのであった。

ともかくも秀頼は、今木の進言をうけて、且元に書状を出すことになった。ただし次章でみるように、秀頼が且元に出した書状は二十五日付けであったから、ここにみえていることは二十五日のことでなければならない。且元が出仕を取り止めたのは二十三日のことであり、また且元が、自身が成敗される状況にあることを、織田常真から報(しら)されたのも同日のことであった。そのため今木一政が、且元の上屋敷を訪れて、且元から事情説明をうけたことは、その日のことと考えてよいであろう。

しかしその後に続いている、秀頼が且元にどのように対処するかを考えたり、その結果として書状を出したこと、さらにこの後の部分に出てくることになる、且元の上屋敷に、下屋敷から家臣らが参集してきていることなどは、秀頼が且元に宛てて書状を出した二十五日のこととみるのが適当と考えられる。この『浅井一政自記』は、あくまでも後における回想録であることを踏まえると、それらの日にちには記憶違いがあったと考えざるをえない。

先にみた『時慶卿記』によると、且元は二十五日に駿府に向けて出立する予定とみられていた。そうすると、ここでの冒頭、秀頼に出仕したらそのまま駿府に下向する予定でいた、というのは、二十五日のことをいっているのかもしれない。その場合、ここには、二十三日のことと二十五日のことが混同されて、一つの出来事にまとめられてしまっているとも考えられる。

また「片桐条書」では、秀頼が近習衆を、茶々が侍女を、且元の見舞のために派遣したとみえていたが、この『浅井一政自記』には、記主の今木一政が且元を訪れたこと以外はみえていない。もちろん同史料は、今木一政の回想録なので、基本的には自身が関係したことだけを記していると考えられる。そうした場合、「片桐条書」を踏まえると、秀頼は今木以外の人物を且元のもとに派遣し、また茶々も侍女を派遣していたことがうかがわれる。

茶々と秀頼は、織田頼長や大野治長による且元襲撃の企てについて、知らなかったとみていいであろうということは、先にも述べた。しかし、且元と彼らの間に、対立状況が生まれていることについては、おそらく認識していたと思われる。実際、今木はそれに関わることを秀頼に伝えていた。茶々と秀頼が、近習衆や侍女を且元の見舞のために派遣しているのは、そうした且元の態度を何とか宥めようとしてのことではなかったか、と思われる。

板倉勝重が得ている情報も、「当座市正（且元）と修理（大野治長）・左門（織田頼長）との間に申し事候様に御座候つれども」とあって（「大伴来目雄氏所蔵文書」）、且元と大野治長・織田頼長との間で、言い分がある、すなわち主張が異なり争いになっている、というように観測されている。茶々も秀頼もそのような認識にあったと考えてよいと思われる。だからこそ、この後に相次いで且元に書状を送ることになるのであろう。

これらのことから推測すると、二十三日に且元が出仕を取り止め、以後も上屋敷に引き籠もり続けていることに対し、茶々と秀頼は、今木一政を含めた秀頼の近習衆や茶々の侍女を、出仕を促すために相次いで派遣していったが、それらは二十三日から二十五日にかけて行われたものであったとみられる。

茶々の発言力、家臣の本音

秀頼が且元に宛てて書状を出すことになったことを踏まえて、このことに茶々が関わりをみせてくることになる。『浅井一政自記』には、次のようにみえている。

そうしたところ「御袋様」（茶々）から、使いが寄越されて、「入りなさい」と、宮内卿局・右京大夫が使いとしてやってきた。すぐに茶々が帝鑑の間から奥と表の間の廊下に出てきた。市正の上屋敷に、下屋敷からひっきりなしに軍勢が籠もっていく様子が下に見えた。

秀頼は御書を廊下で今木と相談しながら書き、文箱に入れた。符は今木が付けた。秀頼は書状を近習の土肥庄五郎に持たせて、且元に遣わした。返事を待つために廊下に入った。奥（茶々）からは、「心配なので、とりあえず奥に入られたら」としきりに使いがあった。今木は秀頼に、「申し上げにくいことですが、このような事は女房衆が考えることではありません」というと、秀頼は使いを叱ると、二度と使いがくることはなかった。

ここからは茶々が、且元をめぐる問題について、非常に気にしていたことがうかがわれる。且元を訪れた今木に、わざわざ直接に会っているのは、事情を把握しようとするためと考えられよう。茶々が、この問題についても、自ら何らかの対応を取ろうと考えていたためと思われる。こうしたところに、茶々が相変わらず、羽柴家の女主人として、重要な問題について関与していたらしい様子がうかがわれるであろう。もっとも茶々としては、問題になっているのが、これまで羽柴家の家政を一手に担ってきた且元であるだけに、気が気でなかったのかもしれない。

しかし、その後の大坂冬の陣の和睦の際、「大坂城内ではすべて茶々が仕切っている」（『駿府記』）といわれていることから、茶々は羽柴家の女主人として、その家政において大きな発言力を有していたことがうかがわれる。そしてここからは、その在り方が、関係者を表と奥の間まで呼び寄せ、場合によっては、茶々自身がそこまで出ていって、直接に指示を与える、というものであったことがわかる。

もっとも、茶々がこのように表の政治について介入してくることについて、秀頼家臣のなかには、それを心よく思わない人も少なからずあったようである。ここで今木は、秀頼に対して、そのような茶々の行為について、「女房衆が関与することではない」と諫言（かんげん）し、秀頼もまたそれをうけて、茶々からの使いを叱りつけているのである。これはそうした秀頼家臣たちの偽らざる気持ちであったに違いない。

またこの時には、且元の家臣たちが、下屋敷から城内に入って、上屋敷に参集してきたこと、武装して籠もろうとしていたことがわかる。事態は次第に緊迫の度合を高めてきていた。

第五章

茶々・秀頼から且元への説得

慶長十九年九月二十五日（茶々・秀頼、且元に出仕をうながす）〜
九月二十七日（茶々、且元に処罰を下す）

秀頼から且元への書状——文書③　9月25日

秀頼は、九月二十三日以来何日にもわたって出仕しようとしない且元に、どのように対処するか考えた末に、且元を成敗するつもりはまったくないことを伝え、また且元の心中を聞くために、且元に宛てて書状を出すことにした。そうして出されたのが、次の書状である。

③羽柴秀頼書状写（「譜牒余録」『大日本史料十二編十四冊』一一〇九頁）

（原文）

気相末しか〳〵とも無之由、無心許候、左様ニ候へ者、何角雑説申由承候、我々聊如在無之候、諸事何様共談合可申候と存候処、加様之儀何とも不能分別候、依此返事重而可申候、謹言、

九月廿五日

片桐市正殿

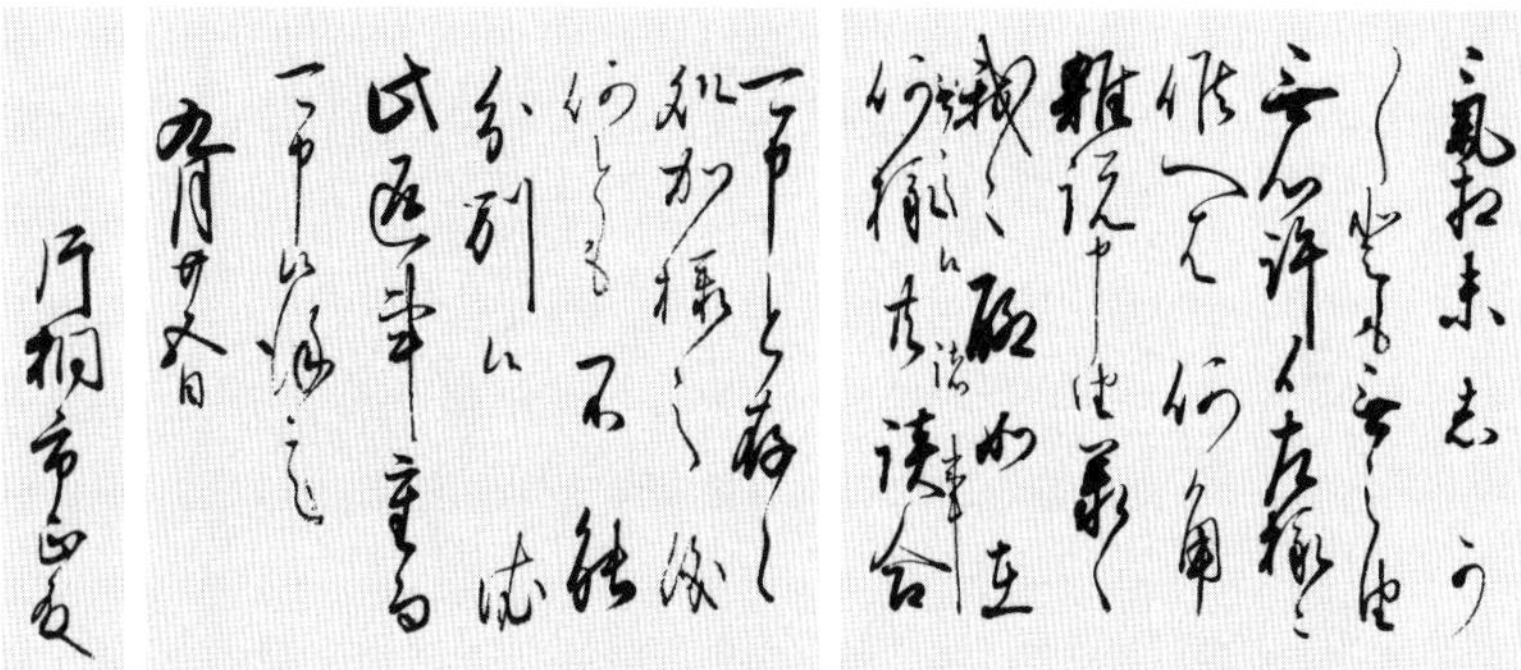

（慶長19年）9月25日付片桐市正殿宛秀頼書状写〔国立公文書館蔵「譜牒余録」巻五七より〕

（本文読み下し）

気相いまだしかじかともこれ無き由、心許無く候、左様に候えば、何かと雑説申す由承り候、我々聊かも如在これ無く候、諸事何様共談合申すべく候と存じ候ところ、加様の儀何とも分別に能わず候、依って此の返事重ねて申すべく候、謹言、

（本文現代語訳）

（あなたは）気分がまだしっかりとしていないとのこと、心配です、そのような状況であれば、いろいろと良くない噂がいわれているとのことを聞いています、私は少しも（あなたのことを）なおざりにしていません、諸事どのようなことも談合したいと思っているところ、このようなことはどうしても理解し難いです、そうなので此れへの返事を重ねていってきなさい。

ここで秀頼は、且元の病状について心配していることを伝えるとともに、且元のそうした態度が、よくない噂を生じさせている状況があることを伝えている。そのうえで、自分は且元に対して、まったくなおざりにしておらず、何ごとについても相談したいと思っていると、いまだ且元を信頼していることを述べて、この書状に返事してくることを求めている。

「何角雑説」というのは、前章で触れたように、織田頼長・大野治長らが、且元が家康に寝返ったと主張し、秀頼の命令をうけたとして、且元を誅罰しようとしていることを指していることは、容易に推測される。秀頼は、すでに今木一政からの報告によって、且元と織田頼長・大野治長らとの間で、争いが生じていることを承知しており、さらには頼長・治長らが、秀頼の命令として、且元を排斥しようとする動きをみせていることも承知していた。そのため秀頼は、且元に、それまでと変わらぬ信頼の姿勢を示すことで、そうした動きは自身の意志から出たものではないことを伝え、それと同時に、自身への忠節が今もあるのかどうかを見極めようとしたのであった。

茶々から且元への消息——文書⑤　9月25日（日付は26日付け）

秀頼が書状を出したのと同時に、茶々からも且元に書状が出されたと考えられる。もっとも茶々が出した文書の日付は、その翌日の「二十六日」付けになっている。しかしこれは、次に取り上げる消息の文末に、二十五日の日柄が悪いとして、日付は明日（二十六日）の日付にしたことが断られているので、実際には二十五日に出したものであることがわかる。なお、茶々が且元に書状を出したことについては、『浅井一政自記』にはまったくみえていない。おそらくそれは、今木がそのことについてまったく関与していなかったためか、羽柴家の意向についてはすべて秀頼に代表させて記しているためか、と思われる。

茶々からは且元に向けて、消息と起請文を認め送っている。これが出されたのが、秀頼の書状と同時のことであったのか、あるいは前後してのものであったのかは明確ではない。しかし、これからみていくように、秀頼の書状への且元からの返事内容について、さらにはその後の且元への対処について、茶々が強く関与していることからすると、秀頼の最初の書状と同時に、且元に送られたとみるのが適切と考えられる。

ここで茶々が、秀頼の書状とともに、自身の消息と起請文を出しているのは、秀頼の書状だけでは、羽柴家の総意を示すことにはならないからと考えられる。やはり茶々こそが、羽柴家の家長であり、最高権力者であったのであり、そのために茶々からの書状が必要であったと考えられるであろう。

以下では、そのような理解のもとでその内容をみていくことにしたい。まず消息からみていく。ここでは「譜牒余録」のものを基本とするが、脱落部分があるので、それについては「集古文書」で補うものとする。

⑤茶々消息写（「譜牒余録」『大日本史料十二編十四冊』一一一〇頁）

（原文）

なを〳〵いろ〳〵
たんかうあひ
申候ハヽ、申候ハんと
思ひ候へく候、けふハ
日からあしく候
まゝ、日つけ
あすのよし申候、めて度かしく、
心よく候ハヽ、いてられ
候ハんと、まい日〳〵まち

候とも、御いて候ハす候、
わろきしふんのわつらい、
何よりもセうしさ
に候へく候、何とやらん
そうセつとも申候、
よく存候、ゆめ〳〵
おやこなからそもしへ
しよさいいさゝか候ハす候、
とし月のをんしやう
何としてわすれ
申候ハんや、何ニもそもし
をひとへニたのミ申候、
しせんしよさいにも
おもふかと御思ひ候ハんと、
さしあたりいら
さる事にて候へとも、

しよさいなきとを
りせいしを
もつて申候、かやうの
事もあひ候ハ丶申
候ハんと思ひ候へく
候へとも、御いて候ハす候まゝ、
ふミにて申候、よく〳〵
御やうしやう御ゆたん
候ましく候、あすも
あかり候事御なり
「候はすハ、文ニてなり」（集古文書）
とも申候ハんや、
御返事ニまち入候、
めでたくかしく、
廿六日　「より」（集古文書）
いち殿まいる

申給へ

（本文読み下し）

心良く候わば、出でられ候わんと、毎日毎日待ち候とも、御出で候わず候、悪き時分の煩い、何よりも笑止さに候べく候、何とやらん雑説とも申し候、よく存じ候、努々親子ながらそもじえ如在聊か候わず候、年月の温情何として忘れ申し候わんや、何にもそもじを偏に頼み申し候、自然如在にも思うかと御思い候わんと、さしあたり要らざる事にて候えども、如在無き通り誓紙を以て申し候、加様の事も会い候わば申し候わんと思い候べく候えども、御出で候わず候まま、文にて申し候、能々御養生御油断候まじく候、明日も上がり候事御成り「候わずんば、文にてなり」とも申し候わんや、御返事待ち入り候、目出度くかしく、尚々色々談合会い申し候わば、申し候わんと思い候べく候、今日は日柄悪しく候まま、日付明日の由申し候、目出度くかしく、

（本文現代語訳）

気分が良くなったら、出てこられるだろうと、毎日毎日待っていたけれども、（あなたの）御出でがない、悪い時期の（あなたの）煩いは、何ともいいようがないことです。

どうしたことか良くない噂がいわれていることはよくわかっています、決して親子（茶々・秀頼）ともにあなたをなおざりには少しもしていません、長年の温情をどうして忘れることがあるでしょうか、すべてあなたをひたすらに頼みにしています、万一なおざりに思うのではないかと御思いになっているのかもしれないと、さしあたり必要にないことではあるけれども、なおざりにしていないことを誓紙でいいます、このような事も会ったらいおうと思っていたけれども、御出でがないままなので、手紙でいいます、十分に御養生することに気をゆるめてはいけません、明日も（こちらに）上がってくる事がなければ、手紙でなりでもいってもらえるでしょうか、御返事を待っています。

尚、色々と談合したいことを、会ったらいおうと思っています、今日は日柄が悪いので、日付は明日にしています。

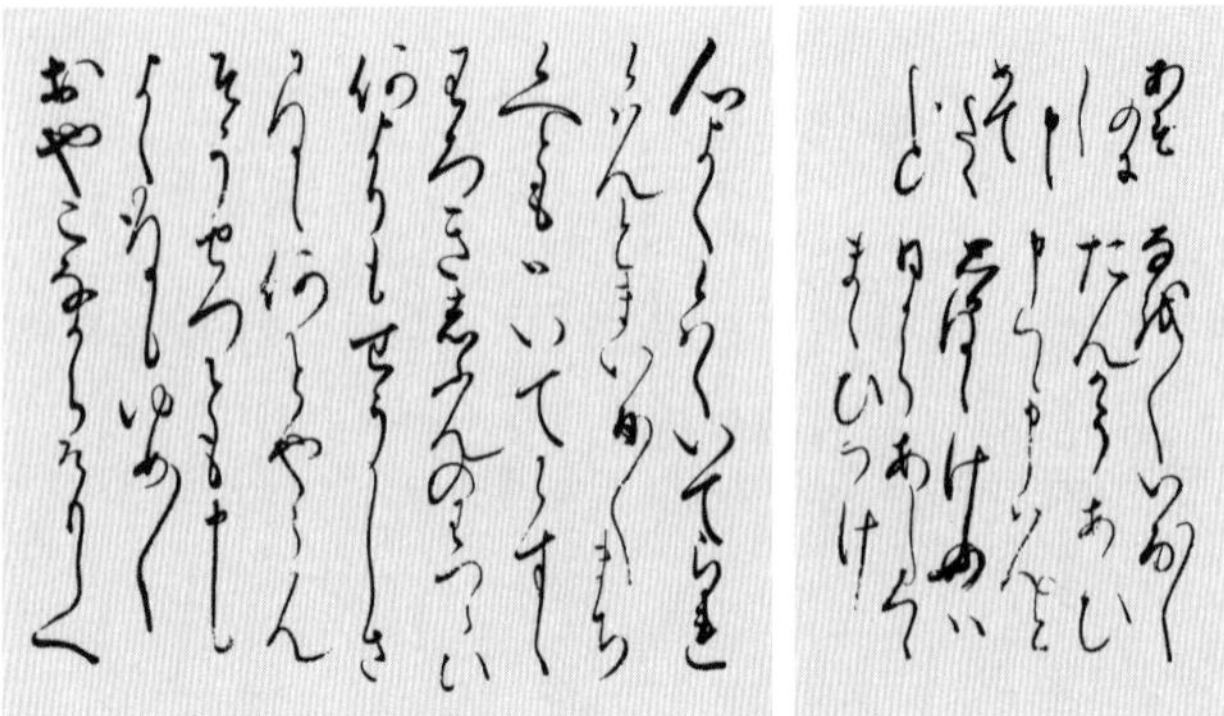

（慶長19年９月）26日付いち殿宛茶々消息写〔国立公文書館蔵「譜牒余録」巻五七より〕

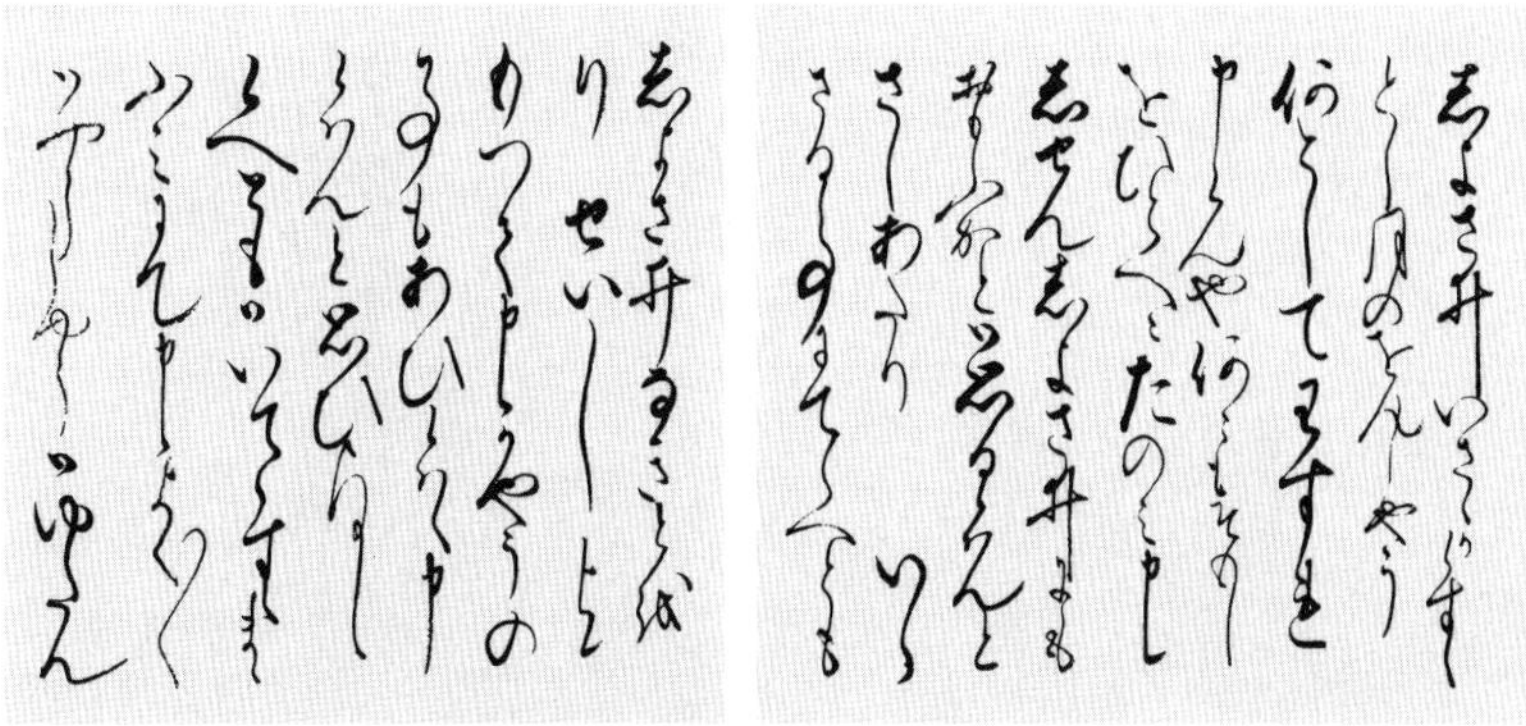

茶々はまず、且元の病状を心配している。しかし、何日も出仕してこないことに関して、「悪き時分」、すなわち政治的に問題が生じている時期での、出仕延期が続いていることについて、「雑説」が立っていることはよくわかっている、と述べている。この「雑説」（噂）は、すなわち且元が家康に寝返ったのではないか、という疑いから秀頼が織田頼長・大野治長らの意見を容れて且元を誅罰しようとしている、ということを指しているとみてよいであろう。

このような事態をうけて、茶々は且元に対して、茶々・秀頼親子ともども且元のことをまったくなおざりにはしておらず、長年にわたる且元から親子に対しての温情も忘れてはおらず、ひたすらに且元を頼りにしていることを訴えている。そして、本来であれば必要ないものだが、と念押ししたうえで、そうした意向を明確に示すためであろう、起請文（「誓紙」）を出したことを伝えている。これはおそらく、主人の側から家来に一方的に身上を保証することはないけれども、という意味合いと思われる。

そしてここで述べたことは、且元が出仕してきた時に伝えようと思っていたこと、しかし出仕がないために、手紙で伝えたと述べている。そのうえで明日（二十六日）も出仕しないのであれば、書状で返事するよう求めている。さらに追而書（追伸）では、今日（二十五日）は日柄が悪いために、日付は明日（二十六日）の日付にしてあることを伝えている。

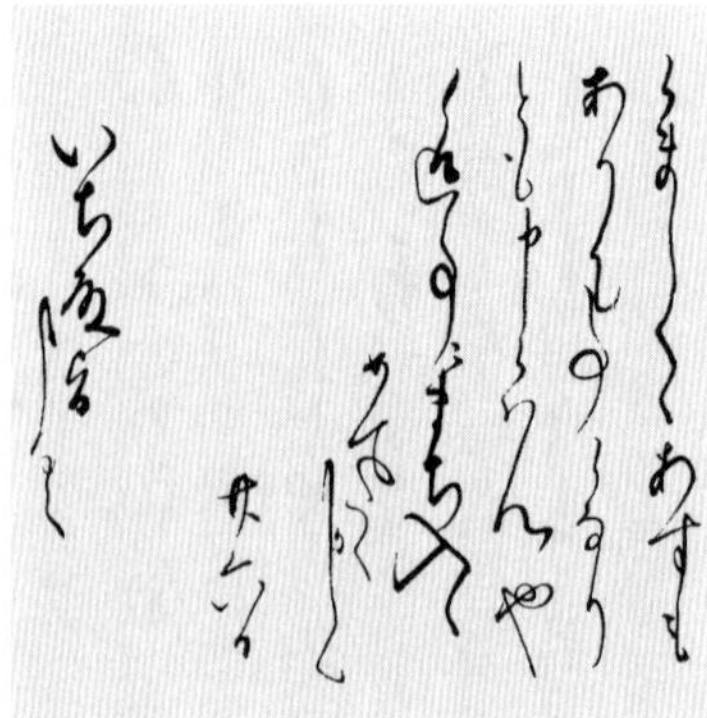

ここで茶々は、秀頼ともども、且元が長年にわたって奉公してきた功績を決して忘れてはいないこと、現在においても且元だけを頼りにしていることを述べて、且元を疎略にしているわけではないことを訴えている。かつて関ヶ原合戦後の状況のなかで、茶々は且元に対して、秀頼の親代わりとも思っていること、親も古くからの家臣もいない茶々にとって、且元だけが頼りであると述べていた。いまここでもそれと同じようなことを述べているといってよいであろう。

そうしたことから考えると、ここで茶々が述べていることは、本音とみてよいと思われる。茶々としては、且元を頼りに思うことすらあれ、疎略にするつもりは毛頭ない、という気持ちであったと思われる。しかし同時に、これまでみてきたように、且元の忠誠心に対してある程度の疑念も抱くようになっていた。そもそもは家康から提示された三ヶ条を取り次いできたことから始まったものであったが、それがさらに且元の出仕延期が続いていることで、拭えないものになっていたとみられる。茶々としては何よりも、出仕をしてくることが、且元の秀頼への忠誠心を示すものととらえていたように思われる。

茶々から且元への起請文――文書⑥　9月25日（日付は26日付け）

茶々が、この消息とともに且元に送った起請文というのが、次のものになる。この文書についても「譜牒余録」には脱落があるので、その部分は「集古文書」で補うものとする。

⑥茶々起請文写（「譜牒余録」『大日本史料十二編十四冊』一一一一頁）

（原文）

きせうもんまへかきの事、
一、きやう・大さかさま〳〵そうせつ申候よしにて候、おやこなからそもしの事、おろかにも思ひ申さす候、いかやうの事、人申とも、御きゝ入候ましく候、このはうもきゝ入申ましき事、
一、ひてより・我々そもしの年月のをんしやうとも、いつわすれ申候ハんや、そもしより外、おたのミ「候かたも候ハす候へハ、いよ〳〵たのミ」（「集古文書」）申候ほか候ハす候、心中ニおやこなから、ゆめいさゝかしよさいニも思ひ申さす候事、
一、そのはう御ちかへなきうへハ、このはうより、ゆめいさゝかちかへ申事あるましき事、
「是より牛王」

此三かてうちかへ候ハ、
上ハほんてん・大しやく・したい
てんわう、下ハけんらうちしん・
やわた・あたこ・ゆやこんけん・
いなり・きおん・かも・かすか、
ことニハうちの神、そうして
大小の神き御はつをかうむる
べき物なり、
けいちやう十九年九月廿六日
ちや〳〵御血判
いちの正殿

（本文読み下し）
起請文前書の事
一、京・大坂様々雑説申し候由にて候、親子ながらそもじの事、疎かにも思い申さず候、
如何様の事、人申すとも、御聞き入れ候まじく候、此の方も聞き入れ申すまじき事、

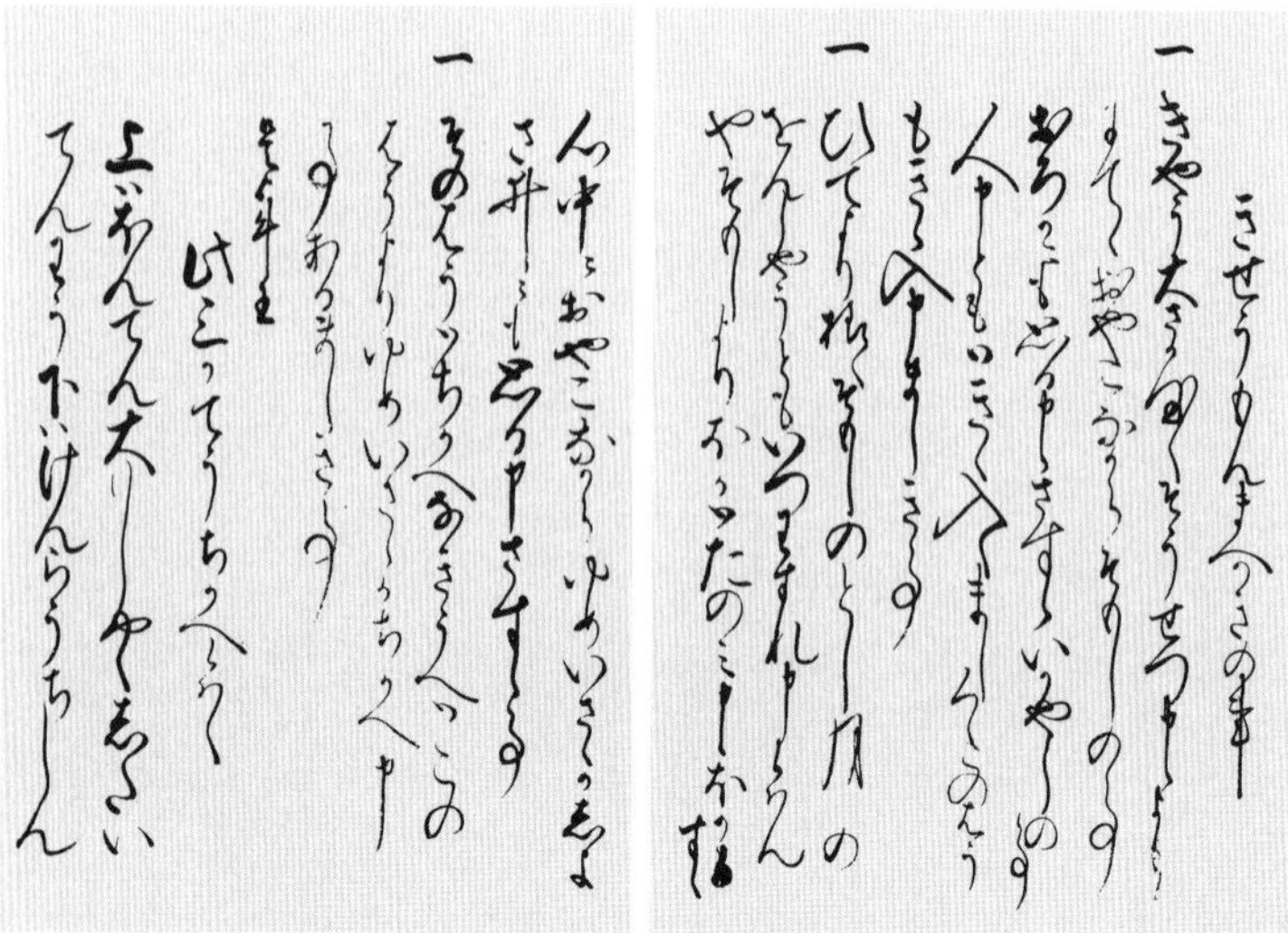

慶長19年９月26日付いちの正殿宛茶々起請文写〔国立公文書館蔵「譜牒余録」巻五七より〕

一、秀頼・我々そもじの年月の温情とも、何時忘れ申し候わんや、そもじより外、御頼み「候方も候わず候えば、いよいよ頼み」申し候外候わず候、心中に親子ながら、ゆめゆめ聊か如在にも思い申さず候事、

一、その方御違え無き上は、此の方よりゆめゆめ聊か違え申す事あるまじき事、

「是より牛王（宝印）」

此の三ヶ条違え候わば、上は梵天・帝釈・四大天王、下は堅牢地神・八幡・愛宕・熊野権現・稲荷・祇園・賀茂・春日、殊には氏の神、惣じて大小の神祇の御罰を

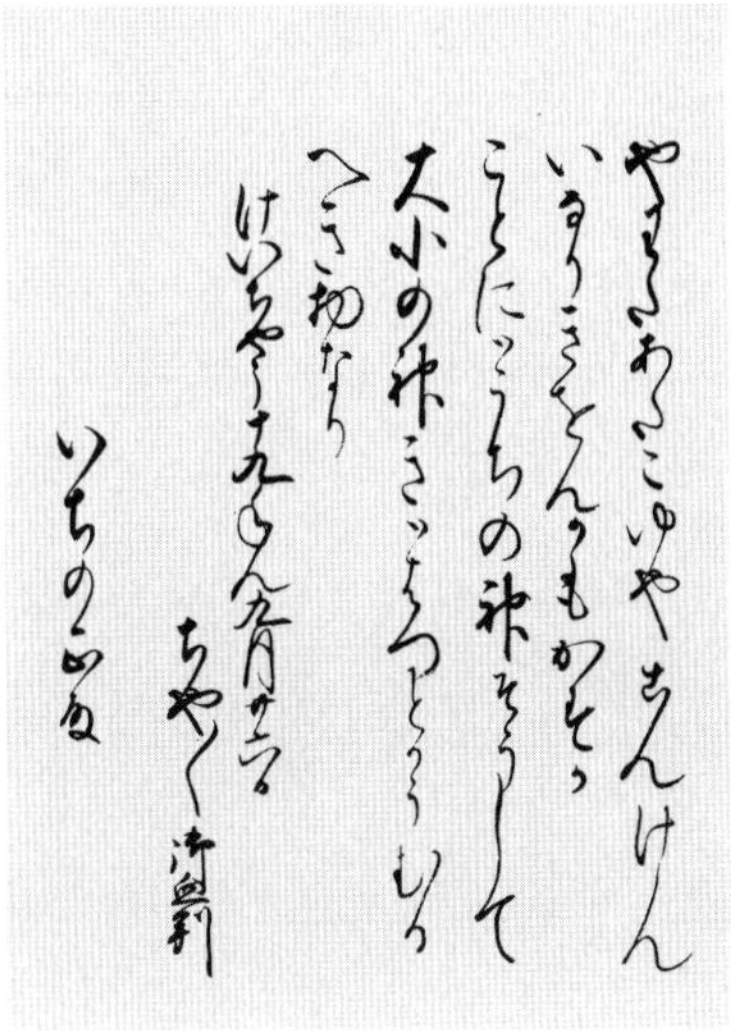

蒙るべき者也、

（本文現代語訳）

一、京都と大坂でさまざまな悪い噂がいわれているとのことです、親子（茶々・秀頼）ともあなたの事を、疎かには思っていません、どのようなことを他人がいったとしても、（秀頼は）御聞き入れることはありません、私も聞き入れることはありません。

一、秀頼と私はあなたの長年の温情を、何時忘れることがあるでしょうか、あなたより他に御頼みにする人もいることはないので、いよいよ頼みにする他はありません、心中で親子ともに決して少しもなおざりに思うことはありません。

一、あなたが御違えしなければ、こちらから決して少しも違える事はありません。

起請文は、神に誓約するかたちをとって、相手方に対する誓約内容を示したものである。したがってここには、茶々から且元に対しての約束事が記されているものとなる。

この起請文は三ヶ条から成っていて、一条目では、京都と大坂で、すでにいろんな噂が立っているが、茶々・秀頼親子は、且元を疎略に思ってはおらず、他者が且元に対して、何らかの見解をいってきたとしても、秀頼がそれを聞き入れることはなく、また自分も聞き入れることはない、ことを誓っている。

「様々雑説」というのは、且元の裏切り、それに対する秀頼による誅罰の噂を指していると考えられる。そして且元に関して何らかのことをいってくる「人」とは、且元誅罰を主張し、且元を襲撃しようとしている織田頼長・大野治長らのことを指しているとみられる。しかしながら茶々と秀頼は、彼らの意見に耳をかたむけることはしない、と述べている。この条文では、茶々と秀頼は、決して且元を誅罰することはないことを、誓約しているものとなる。

続く二条目では、先の茶々からの消息に記していたことを、あらためて起請文のなかで記して誓約したものになる。すなわち茶々も秀頼も、長年にわたる且元の奉公の功績を忘れてはおらず、且元以外に頼りにする家臣もいないので、茶々と秀頼は心の底から且元のことを疎略にする意向はないことを述べている。

しかし、最後の三条目では、且元の態度を問う内容のものとなっている。すなわち且元が、自分たちから背くことがない限りは、自分たちも且元に対して疎略にすることはない、といっている。ここでは、何日も出仕してこない且元の態度に対して、そのような行為は主人への敵対行為であり、そうした態度をとり続けるのであれば、自分たちも且元のことを敵対者として扱わざるをえなくなることを示している、といえるであろう。

茶々は、本来は主人側から一方的に出す必要のない、家臣である且元に対して、その身上を保証することを誓約した起請文を作成し、先の消息とともに且元に送った。起請文では、且元の身上を保証し、これまでと変わらず頼りにしていることを示したものであった。茶々としては、精一杯の誠意を示したものといえるであろう。

且元からの返事、武装する片桐・織田家臣——9月25日夜

これらの秀頼・茶々からの書状をうけて、且元は返事を出したようである。そこから秀頼が再度書状を出すことになるが、その状況についても、『浅井一政自記』に詳しくみえているので、その内容を追っていきたい（『大日本史料十二編二十冊』一八九〜一九〇頁）。

且元からの返事は、「少しも疎略には思っていないことを申し開きし、なんと（茶々・秀頼からの）御誓文状（をいただいたこと）はとても有り難い」というものであった。秀

頼は「次はどうしたらよいか」と今木にいうと、今木は「次は御使者を立てて（秀頼の意向を）お伝えしたらいかがでしょう」というと、秀頼は「誰を使いにするのがよいか」というので、今木は「梅戸貞子と相談して申し上げます」といって、且元の屋敷に行った。

梅戸貞子・同可良は「この御使者は主膳正（貞隆、且元の弟）がいいと思う」といったが、貞子はさらに「（貞隆は）口が利き、物をいうのが上手な人ではあるが、このような事を解決することはできない。誰がいいだろうか」といって相談したところ、「秀頼様に直に物がいえる人でなければばならない」といって、誰がいいだろうかといっているうちに、速水甲斐守（守久）がいいということになった。この返事が遅いとして、饗庭局の屋敷から今木を呼びに来て、「なんで返事が遅いのか」と秀頼がいっていると、饗庭局が使者となって伝えてきた。もう夜になっていた。そうしたなか、且元の上屋敷と織田有楽の上屋敷では、家来に具足・冑を持たせて、今にも事が起きそうな様子でひしめき合っていた。大野修理（治長）・渡辺内蔵助・木村長門（重成）らは、屋敷に閉じこもって悩んでいたことを、後から知った。

速水守久を使者とするために（秀頼が）呼ぶと、速水は厨房頭の大角与左衛門のところに振る舞いに出ていて、少し酔って登城してきた。茶々（「御袋」）は、今木は且元寄りと思っていたようなので、まず速水を廊下に呼び出し、暫く間をおいて、今木を呼び出し、今朝の秀頼の書状にある内容を、速水にいい渡して、「一緒に且元のところに行ってよくいい聞かせなさい」と命じた。

こうして秀頼から且元に対して、二度目の書状が出されることになった。ここでも茶々が事態に関与している。もっとも茶々自身からも、且元に書状を出していたのであるから、その対応に関与することは当然のことでもあった。ただし茶々は、今木一政を且元寄りとみていたらしく、そのため秀頼の使者として赴くことになった速水守久を、あらかじめ呼び寄せている。

また、この二度目の書状が出されたのは、二十五日も夜になってからのことであったことが知られる。そしてその頃には、且元の上屋敷と、それに対抗する織田有楽の上屋敷の双方で、家臣が武装して、すぐにでも合戦が始まりそうな状況になっていたことがみえている。両者の上屋敷は、ともに二の丸東方に所在していたから、かなりの至近距離でのことになる。

ただし、且元を誅殺しようとしていたもう一人の首謀者であった大野治長や、それに与同していた渡辺内蔵助・木村重成らについては、どう対応していいのか苦慮していたらしく、屋敷に閉じこもっていたらしいことがうかがわれる。

秀頼、二度目の書状——文書④　9月25日夜

そうして秀頼が、速水守久を使者として出した、且元への二度目の書状にあたるのが、次のものである。

④羽柴秀頼書状写（「譜牒余録」『大日本史料十二編十四冊』一一一〇頁）

（原文）

只今返事通具見届候、自身行候ても申度候へとも、不成事ニ候間、速水甲斐守以可申遣候哉、為其重而申入候、謹言、

九月廿五日

片桐市正殿

（本文読み下し）

只今返事の通りつぶさに見届け候、自身行き候ても申したく候えども、成らざる事に候

間、速水甲斐守をもって申し遣わすべく候や、そのため重ねて申し入れ候、謹言、

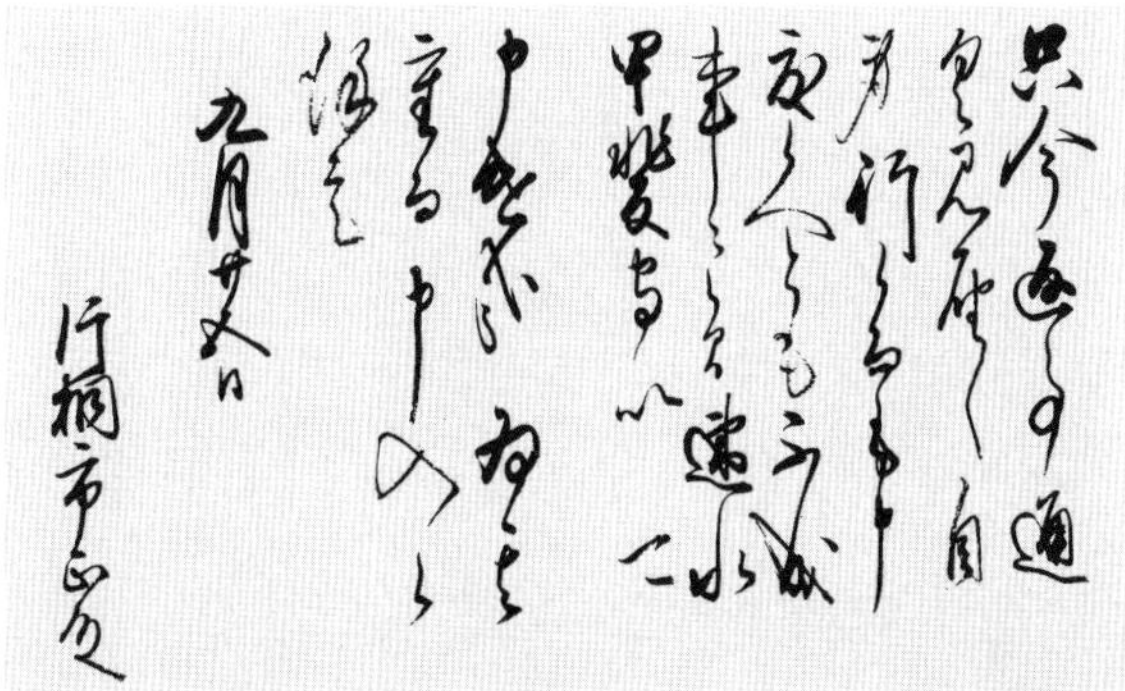

（慶長19年）9月25日付片桐市正殿宛秀頼書状写〔国立公文書館蔵「譜牒余録」巻五七より〕

（本文現代語訳）

只今（あなたからの）返事の内容を詳しく見届けました、自身で（そちらに）行ってでもいいたいけれども、（それは）できないことなので、速水甲斐守（守久）を（そちらに）遣わすことになるでしょう、そのようにして重ねて申し入れます。

ここでは、且元からの返事の内容をうけて、自身で説得のために赴きたいものの、それはさすがにできないので、七手組の組頭の速水甲斐守（守久）を派遣することを伝えている。且元からの返事の内容は、先にみえていた通り、自身は秀頼に対して二心を抱いていないことを表明するものであった。それをうけて秀頼は、自身の意向をあらためて、使者によって伝えよう

としたのであった。

この時、且元のもとへ、使者の速水守久とともに、今木一政も遣わされたことについては先にみた通りである。その時の様子が『浅井一政自記』に記されており、それは次のようなものであった（『大日本史料十二編二十冊』一九〇～一九一頁）。

（速水と今木は）且元のところに行くと、居間から奥の南の座敷へ連れられて入って、（秀頼に対して）二心のない旨を聞かされた。今木はそれを聞いて、すぐに速水と二人で城に行くと、焚き火の間の中の柱に、秀頼がやってきて入った。茶々の侍女の大蔵卿局と正栄尼がその左側に伺候した。奥と表の間には、菊の屛風が立てられて、茶々（「おふくろ」）が入ってきて、この返事を聞いた。速水は無口なので、今木があらましを申し上げた。茶々から「その様子を詳しく私に聞かせなさい」といわれたので、且元が話した内容を残らず申し上げた。そうしたところ正栄尼が脇から口を挟んできて、「且元は屋敷に軍勢を集めているのはどうしたことか」といったので、今木は「且元を御成敗するとのことを（且元の）家来が聞き付けて、籠もっているものと思われる」というと、（秀頼は）これといって対応することなく、奥に入って、馬廻衆の槙島玄蕃（昭光）を召して、「且元の心中を聞いて、満足である」といって、着ていた呉服を今木に与えた。

且元からの返事は、先ほどと同じく、秀頼に対して二心はまったくない、というものであった。速水と今木はその内容を秀頼に報告するが、やはりここでも茶々が関わっている。侍女の大蔵卿局と正栄尼を秀頼の脇に座らせるだけでなく、自らも奥と表の間まで出てきて、菊の屛風を立てさせて、今木から直接に、且元の返事の内容を報告させているのである。

そしてこの且元の返事の内容に、茶々と秀頼は満足したようで、秀頼は報告をした今木に対して、着ていた呉服を与えて、その労苦に報いているのである。

家臣の疑問再び。茶々の政治的力量

そうしたところに、且元から家臣が派遣されてくることになる。『浅井一政自記』の続きをみてみることにしたい。

且元の家臣の梅戸貞子と多羅尾半左衛門が表御殿の芭蕉の間にやってきて、速水と今木を呼んで、「只今お二人に且元がいった内容を、（秀頼が）納得されたのであれば、今夜のうちに織田有楽の屋敷に籠めている軍勢を退かせてほしい。（そうすれば）且元の屋敷に籠もっている軍勢についてはすべて追い出すつもりである。このことをお二人に心得てもらいたい」と且元がいっている、といった。

且元は、自身の秀頼への忠節心について、茶々と秀頼が納得したことをうけて、茶々と秀頼に対して要請を行ってきた。それは、織田有楽の上屋敷に入っている軍勢を退散させてほしい、というものであった。そしてそうしたならば、自分の屋敷に籠もっている軍勢も退かせよう、という。

今木はこのことを、秀頼は奥に居るために、使いを通じて申し上げると、秀頼の耳には入れられず、茶々（「御ふくろ」）からの返事として、「先に且元の軍勢を退かさせ、その後に有楽の軍勢を退かせなさい」と命じてきた。速水守久は「頭を掻きながら」「このような事ではどうにもならない」といったが、今木は「（茶々には）畏まりましたといって、（実際には）一度に退かせさせるのがいい」と考えて、そのように奥に伝え、且元にも返事をした。このようにして解決することになり、且元へは速水と今木が検使として行き、有楽のところへは槙島昭光と竹田永翁が行った。二十三日（＊日付については後述）の夜のことであった。

今木は且元からの要請内容を、秀頼に伝えるため、奥に使いを立てた。ところがこのことは秀頼の耳には入れられず、その代わりに茶々から、先に且元の屋敷から軍勢を退かせて、そのうえで有楽の屋敷から軍勢を退かせる、との命令が伝えられたことが知られる。ここで茶々が、どのような理由からこのような判断を下したのかはわからない。いまだ且元の心中に対しての疑念が払拭されていなかったのか、家臣の武装は且元側からのものとみていたためなのか、あるいは有楽と且元を比べて、親類衆である有楽の立場を優先させたのか、などのことが想定されようか。

しかしこの命令をうけて、速水守久は、解決にならないといっているように、その判断は適当なものではないと認識されている。そして今木は、茶々には了解したと返事しておいて、実際には双方の軍勢を一度に退かせることを考え、そのように処置して事態の解決を図っている。結局、茶々の命令は、実際に問題対応にあたっている秀頼家臣によって、忠実には実行されず、事態の解決が図られることになっている。

とはいえ、ここでも茶々が、実質的な判断を下していることは注目されるであろう。こうしたところに茶々が、当主として秀頼が存在していながらも、実際には羽柴家の家長として存在していた様子をうかがうことができる。しかしながらその判断は、必ずしも家臣の支持を得られるものではない場合もあったことが知られる。ここに、茶々の政治的力量の程度をみることができるように思われる。おそらく茶々は、茶々なりの基準によって判断したのであろうが、実際の政治場面において、それは適切なものではなかったらしい。

もっともこうしたところから、茶々の政治力について低く評価してしまうのは、茶々には気の毒でもある。そもそも茶々には、充分な政治経験もなく、またその修練も充分ではなかったに違いないからである。それなのに、関ヶ原合戦後、羽柴家は一個の家政権力として独立せざるをえなくなり、当主の秀頼が幼少であったため、茶々がその後見として、否応なく最高判断をせざるをえない立場になってしまったのである。

それは、唯一の家老であった且元だけを頼みとして、その補佐をうけたといえ、政治的修養を身につけていなかった茶々にとって、余りにも荷の重すぎる任であったように思う。実際にも、関ヶ原合戦後しばらくの間は、「気鬱」に罹っていたほどであった。それから一〇年少しが経っていたとしても、その状況に大きな変わりはなかったのかもしれない。

且元への警戒拡大。双方とも軍勢引かず——9月26日深夜

ちなみに『浅井一政自記』は、ここまでのことを「二十三日の夜」のこととして記してい

る。しかし、先にも触れたように、秀頼から且元に出された二通の書状は二十五日付けであり、茶々の消息・起請文も実際には二十五日に出されたものであったから、それらのことは二十五日の夜のことであったと判断される。なお、そこでは且元の軍勢と有楽の軍勢の双方を退かせたように記しているが、その実否についてはわからない。というのは、これからみていくように、依然として両者の屋敷には軍勢が籠もり続けたことがわかるからである。

この二十五日夜の、且元・有楽双方の武装状況については、「片桐条書」にもみえている。先に示した「片桐条書」のうち、九月二十三日のことについて記した部分では、茶々・秀頼からの書状を「御たばかりの御状」と記していた。ただし、これは後世の片桐家で、茶々・秀頼の真意ではない、と判断しての評価となる。そしてそれら茶々・秀頼からの書状を送られてきた後のこととして（『大日本史料十二編十四冊』一一一七頁）、

　二十三日（五か）の晩から、織田有楽屋敷・政所御屋形などの所々や、櫓（やぐら）という櫓に、具足を着て、弓・鉄炮などの武器を揃えた軍勢を配備したため、右の起請文は真実のものではないと考えて、且元・貞隆の家来たちは、それぞれの上・下の屋敷に引き籠もって、一戦するつもりになったけれども、且元・貞隆は家臣に、御城に向かって矢一本・鉄炮一発なりとも放ったなら曲事として処罰する、屋敷の塀を乗り越えた者については、鑓の柄

で叩き倒せ、と指示した。

と、「二十三日の晩」の出来事を記している。しかし、すでに述べてきているように、秀頼からの書状は二十五日付け、茶々からの消息・起請文も二十五日に出されたものであることからすると、「二十三日の晩」というのは、正しくは「二十五日の晩」のことであったと考えられる。なおこの点については、後に触れる『時慶卿記』の記事からも判断できる。

そのようにとらえたうえで、その晩の経緯を確認することにしよう。この「片桐条書」によれば、その日の晩になると、織田有楽屋敷・「政所御屋形」などの所々や、櫓という櫓に、武装した軍勢が配備されたという。いうまでもなくそれらは有楽の軍勢であったとみられる。これをみて且元は、茶々からの起請文は真実のものではないと判断したという。そうして且元とその弟貞隆の家来たちは、それぞれ城内外にあった上・下の屋敷に引き籠もって、一戦するつもりになったという。けれども且元・貞隆は、家臣には、決して城衆に反抗しないよう指示したという。

このように有楽が軍勢を屋敷に集めてきた状況をうけて、且元と貞隆の家臣たちは、対抗の姿勢をとって、上屋敷・下屋敷に籠もって一戦交える準備を始めたことがうかがわれる。しかし且元と貞隆は、その動きを制して、決して攻撃してはならないと命じたらしい。この時点ではまだ、且元は秀頼への反抗は考えていなかったとみていいであろう。ちなみにここにでてくる上屋敷・下屋敷とは、且元らが、大坂城の内外で与えられていた屋敷のことである。その所在地については、上屋敷は、城内の二の丸（『義演准后日記』）、下屋敷は城外の天王寺口に所在していたことが知られる（「大伴来目雄氏所蔵文書」）。

この動きの続きの状況を、やはり「片桐条書」からみておこう（『大日本史料十二編十四冊』一一一七頁）。

このように家来たちが対戦の姿勢をとったため、貞隆は、秀頼馬廻衆・近習衆七手組の人々（「七組の面々」）を通じて、私のところには秀頼からも茶々からも、何もいってきてはないものの、兄且元がこのような事態になっているので、秀頼への奉公はできない。且元が秀頼に対して不義をしているのであれば、秀頼に対してまったく言い訳することもないけれども、秀頼が且元に理不尽な対応をとるのであれば、秀頼に奉公することはできない。どんなことになろうとも且元と一緒に（行動）するつもりだ、といって、貞隆は二十五日から城から帰って、その後は秀頼に出仕しなくなった。

且元が襲撃されるような情勢になり、且元・貞隆の家臣が、それに対抗しようとする状況になったことで、且元の弟貞隆は、七手組の組頭の人々（「七組の面々」）を通じて、このような事態では秀頼への奉公を続けることはできない、といって、城から下がり、自らの屋敷に引き籠もって、出仕を停止したという。

ちなみにここに出てくる「七組の面々」というのは、秀頼の馬廻衆・近習衆七手組の組頭たちのことをいう。ここから秀頼の直臣団は、七組に編成されていたことを知ることができる。その組頭は、前章でも触れたが、速水甲斐守守久・伊東丹後守長次・青木民部少輔一重・堀田図書頭（ずしょのかみ）・野々村伊予守吉安・真野蔵人頭宗信・中島式部少輔であった。なおこのうち青木一重は、二十三日に且元が茶々・秀頼のもとに出仕した際に、織田頼長・大野治長らとともに、且元を殺害しようとしていたものの一人である。ただし、ここで貞隆と織田有楽らとの仲裁に入っていることからすると、必ずしも且元襲撃の強硬派ではなかったのかもしれない。

これに関して『浅井一政自記』には、先の且元・有楽双方から軍勢を退かせることになったことに続けて、その日（二十五日のこととみていいであろう）は、秀頼の家臣たちは且元を警戒して、一人も城に出仕してきていなかったこと、夜更けになって秀頼が七手組の組頭たちを召して、事態収拾について相談があったらしいこと、それまでは彼らすら、且元への使者を務めた速水を除いて、事態への対応を計りかねたらしく出仕を控えていたこと、が記されている（『大日本史料十二編二十冊』一九一頁）。

「片桐条書」の部分では、貞隆が出仕停止を申し入れた相手として、七手組の組頭たちが出てきていた。彼らが秀頼に召されたのは、二十五日の深夜のことという。そうすると貞隆が、秀頼への出仕を停止して、屋敷に引き籠もることにしたのは、二十五日も深夜のことになろうか。

またそこには、他の秀頼家臣たちが出仕を控えていたのは、「且元を恐れて」いたためと記されている。このことが、且元の権力の大きさをいうのか、軍事力のことをいっているのか、充分に解釈できないが、いずれにしても羽柴家中における且元の存在の大きさ、影響力の大きさを示しているとみることができる。

秀頼の有力家臣、片桐貞隆

こうして且元の弟の貞隆も、秀頼への出仕を停止して、兄且元と行動をともにすることになった。貞隆は、永禄三年（一五六〇）生まれで、兄の且元から四歳年下にあたり、この時には五十五歳であった。実名は初め「久盛」を名乗ったが、その後に「貞隆」に改名している。天正八年（一五八〇）には秀吉の家臣になっており、その時は幼名「駒千代」を称している（『武家文書の研究と目録（上）』二二九号）、同十年には通称「加兵衛」を称している（同前二二〇号）。そして同十四年正月から三月までのうちに従五位下・主膳正に叙任され、以後は「主膳正」を称した（同前二二四〜五号）。

貞隆は、秀吉のもとでは、検地奉行や蔵入地代官などを多く務めていて、いわゆる奉行衆の一人として存在していた。慶長五年（一六〇〇）の関ヶ原合戦後も、兄且元と同じく秀頼の家臣として存在した。そして同六年に、徳川家康から一万五〇〇〇石の知行と摂津国茨木城を与えられ、同城を本拠にした。また同時に、十万石の羽柴家御料所の代官を務めたとされる（「茨木町故事雑記」『よみがえる茨木城』所収）。ちなみに茨木城の城主について、兄の且元と伝えるものもみられるが、正しくは貞隆である。

貞隆は、且元の弟として、羽柴家の家政においても重要な役割をになう存在であった。所領こそ一万五〇〇〇石しかなかったが、先に触れたように、秀頼の書状での副状を、且元に次いで出しており、また後に触れるが、大坂城の城門の番所七ヶ所のうち、京橋口大門について管轄していた。そのような取次や城門管轄の役割を負っていた秀頼家臣は、他に大野治長と織田有楽しかいなかったから、貞隆は、彼らと並んで有力な秀頼家臣であったことがわかる。

その貞隆が、織田有楽によって且元が攻撃されそうな情勢になって、また且元の出仕がなかなか実現できそうにない状況になって、ついに秀頼への出仕を停止して、自らも且元と共同歩調をとることにしたのであった。ここに羽柴家の家政において大きな役割をになってきた片桐且元と貞隆の兄弟は、ともに秀頼への出仕を停止し、それに身構えるという情勢となった。

抗戦姿勢を見せる且元側——9月26日

『浅井一政自記』には、それらの事態に続く「二十四日」のこととして（『大日本史料十二編二十冊』一九二頁）、

且元家臣の梅戸可良と荒木勝太光高らは、「右の部屋」（芭蕉の間のことか）で相談して、水の手口から且元を城に上がらせて、城を且元の軍勢によって制圧して、大野治長らを秀頼の命令のかたちをとって処罰しようと考えて、今木一政にこのことを且元に進言したいと頼んできたので、今木はこのことを且元に伝えたが、且元は同意しなかった。

ということがみえている。これによれば且元家臣の梅戸可良・荒木光高は、先の梅戸貞子・

多羅尾半左衛門と同じく、本丸の表御殿に来ていたことがうかがわれる。彼らが直接、主人である且元に進言しないで、今木一政にそれを依頼しているのは、彼らは表御殿から自由に出ることができない状態に置かれていたためかもしれない。

しかし、ここで且元の家臣たちが考えていることは、尋常のことではない。且元に登城させ、城を制圧して、あろうことか対立関係にある大野治長らを、逆に処罰してしまおう、というものであった。これは且元が、彼らにされそうになっていることの裏返しでしかない。そのためか、さすがに且元も、これに同意していない。これでは大野らと変わらなくなってしまうからであろう。またそれは、秀頼の意志とは無関係のことであったから、秀頼を蔑ろにすることにもなってしまうからであろう。

ちなみにここで、且元を水の手口から本丸に登城させることが考えられている。大坂城内の門の番所は七ヶ所あり、後でみるように、そのうちの五ヶ所を且元が管轄しており、一ヶ所を弟貞隆が管轄していた。残る一ヶ所を管轄していたのが織田有楽であった。すなわち七ヶ所の番所のうち、六ヶ所については且元・貞隆兄弟で管轄していたのである。こうした状況から、且元の家臣たちは、城の制圧は容易とみていたことがうかがわれる。またこのことからも、且元の権力の絶大さがあらためて認識されるであろう。

また、それらの相談があった日にちについて、「二十四日」とされているが、それはありえない。少なくとも二十五日以降のこととみられる。前日の状況を「二十三日」と記していて、実際にはそれらは二十五日のこととみられることからすると、ここで「二十四日」とあるのは、その翌日の二十六日のことであったとみるのが妥当と思われる。

その二十六日になると、大野治長が且元襲撃への動きをみせるようになってきたらしい。且元家臣らは、且元によって城を制圧して、逆に大野治長を誅罰するようなことを検討していたことからすると、これが治長のもとに漏れて、治長は自衛のために軍勢を召集したのかもしれない。これらの状況については、『浅井一政自記』にみえている。その様子をみてみることにしよう（『大日本史料十二編二十冊』一九二～一九四頁）。

二十六日、大野治長は牢人たちを連れて、城に入って立て籠もって、且元を討ち果たそうとした。今木一政は且元の寄子であり、また科（とが）のない人を（討とうとするのは）理不尽と考え、または人の落ち目にあっては主人をも捨ててそれを支援するのが侍の習いであると聞いていることから、且元の屋敷に具足を着て行き、且元の前に出ていった。貞隆は北側の障子脇に入ってきた。今木は南側に向かい合って座った。且元は紋所の付いた着物を羽織って居間に入ってきた。「けいに」という比丘尼が粥などをあわてて持ってきたので、且元はこれを叱り、家臣の六左衛門に命じて、粥を膳に据えて出し、酒も出させた。ゆっくりと朝鮮出兵のことや丹後攻めのことなどを話したという。そのうちに秀頼の右筆の大橋長左衛門重保から、「城から軍勢が出てくる様子だ」と言ってきた。今木は且元に、「奥（妻子たち）を匿いなされたらよいのでは」というと、且元は酒を手にして、家臣の九左衛門の子喜四郎に酌をするように思えた。貞隆が今木に、「私の妻子はどうしようか」と、且元を窺いながらいうと、今木は「別々に匿うことはできないので、こちらに呼び寄せて、一緒にするのがいいでしょう」というと、且元は「それでいい。しかし今少し待ちなさい。後で報せる」といって、奥に入った。その時は、且元は足早に奥に入っていったようにみえた。居間では、いかにもゆったりとしているような様子であった。それだけに屋敷中はひっそりと静まりかえっていった。

夜になって様子をみようとして、「政所様屋敷」から貞隆の上屋敷まで一人で行ったところ、誰にも会わなかった。そこから且元の上屋敷の番所に行ってみると、歴々の且元家臣が集まっていたものの、物音も立てずにいた。桜の馬場の向かいの櫓にも、鉄炮が配置されていたようにみえたが、しっかりとは確認していない。且元家臣の田辺九兵衛がやってきて、今木に「こっちに来い」といってきた。

今木は、青屋口にある片桐采女（且清）の屋敷に行くと、片桐出雲守元包（且元の嫡子、後に孝利）が一緒にいて、二人とも具足を床の上に置いていて、今木はその前に入って座った。今木が来たのをみて、元包は、気をつけて鑓を取り寄せ、「この鑓はよく通るので、持ってみなさい」といった。元包は十四、五歳であった。今から考えると、よくできた心がけで、さすがは且元の子であったと思う。案の定、「七日合戦」（大坂夏の陣の翌年五月七日の天王寺合戦のこと）では一緒に戦った。このようなことであったが、その夜は何事も起きなかった。

大野治長が軍勢を集めると、且元の一族・家臣や今木などの寄子は、且元を護衛するために武装して、且元の上屋敷に集まってきたことがわかる。さらにそこへ、城から、秀頼の右筆（ゆうひつ）の大橋重保が、城の軍勢が攻め懸かるらしい、との情報をもたらしてきている。こうして且元側も、本格的に身構えるようになったことがうかがわれる。

しかし、二十六日はそのまま何事も起きることなく夜を迎えたらしい。今木一政は、様子をみようと、「政所様屋敷」から貞隆の上屋敷まで巡回し、その後に、青屋口にあった片桐采女正且清の屋敷に行っている。彼も秀頼直臣の一人で、慶長十年（一六〇五）九月十一日に、秀頼の諸大夫として、従五位下・采女正に叙任されている（「柳原家記録」）。その且清の屋敷には、且元の嫡子元包が一緒にいた。今木は元包について、「十四か五で」といっているが、元包は慶長六年の生まれで、この時は十四歳であった。この年の七月二十八日に、従五位下・出雲守に叙任されていたばかりであった（『時慶卿記』）。

茶々の怒り。軍勢退去へ――9月27日

ところが、このように且元側が抗戦の姿勢をみせたことに、茶々は怒りをみせた。わざわざ且元の身上を保証する起請文まで出したにもかかわらず、結局、二十六日に出仕はなく、また屋敷に籠もる軍勢を退散させるように命じたにもかかわらず、それに従わないでいることは、完全に主人への敵対行為である、と認識したのであろう。

もっとも且元からすれば、織田有楽・大野治長らが襲撃の姿勢をみせてきたために、自衛のために武装したにすぎない。それも家臣らが率先して行ったもので、且元は決してそれらに攻撃することのないよう命令していた。しかし茶々にとっては、それはどうでもいいことであったに違いない。且元の行為は、主人への敵対行為として受けとめざるをえないものでしかなかった。

そうして茶々は、且元に対し、ついに処罰することを決して、出家・隠居して寺院で隠遁（いんとん）することと、屋敷の明け渡しなどを要求するにいたる。まずはその事情を、「片桐条書」からみていこう（『大日本史料十二編十五冊』五〜六頁）。

そうしたところ、七手組の組頭の伊藤（東）丹後守（長次）・速水甲斐守（守久）・青木民部少輔（一重）・堀田図書頭・真野蔵人（宗信）・野々村伊予守（吉安）・中島式部大輔（少輔）が仲裁に出てきたため、且元がいうには、秀頼のために逆意を考えるつもりはないのに、（秀頼が）理不尽にいいつけてくることを迷惑に思い、登城しなかった。城中に入っている軍勢を退かせるならば、こちらの軍勢も退かせるつもりだ、といった。双方ともその通りに軍勢を退かせた。その時、且元に、寺院に居住しなさい（「山林の住居仕り候へ」）と、茶々（「淀殿」）が命じたけれども、そうするしかない、と七手組の組頭が一同にいったので、且元・貞隆は屋敷を明けることにし、二十六日にそうすることが決まった。こうなったからには高野山に居住することを、七手組の組頭に且元・貞隆は伝えた。

且元の弟貞隆までもが、秀頼への出仕を停止して屋敷に引き籠もったことをうけて、秀頼の馬廻衆・近習衆七手組の組頭たちが、仲裁に入ってきたらしい。且元は彼らに対して、秀頼に叛逆する意志はないものの、理不尽な対応、すなわち誅殺の動きがあったので、登城しなかったことを説明し、そのうえで秀頼家臣の軍勢を退かせてくれれば、こちらの武装も解除することを伝えたという。これをうけて双方とも軍勢を退かせたという。

ちなみにここでは、且元・貞隆の屋敷退去の日取りは「二十六日」と記しているが、先にみたように、二十六日は夜になっても、且元と有楽・治長との対峙が続いていたのであるから、そこから仲裁が入るのは、二十七日のこととみるのが妥当になる。またその七手組の組頭たちによる仲裁については、『浅井一政自記』にもみえているので、それもみてみよう(『大日本史料十二編二十冊』一九五頁)。

二十六日か七日かは忘れてしまった。七手組の組頭たちが速水守久のところに集まって相談し、今木一政と多羅尾半左衛門に、「来るように、相談したい」といってきたけれども、且元は今木を行かせなかったので、多羅尾が行った。七手組衆がいうには、「さっき和解が成り、且元が秀頼に蔑ろにしていないことで解決したのに、『またこのような事態はあってはならないことです』と、「御城」(茶々・秀頼のことであろう)に申し上げたところ、「御城」も同意見であった。そうなのでさっきの取り決め通り、今日(且元から)人質を出させなさい、ということだ」といってきた。且元はこれを聞いて、出雲守元包を速水の屋敷に行かせた。すぐに「御城」の了解をとって、元包は返されてきた。

二十七日か忘れてしまった。(茶々・秀頼は、)且元からの蔑ろにしていないということに納得したけれども、今回、城下に軍勢を入れていることについて、認めるわけにはいかない、と思って、（且元を）一旦、寺に住居させることにし、その後に、秀頼に娘（「殿様御息女」）がいるので、元包に嫁がせるとの意向であった。

ここで今木は、これらのことが二十六日のことなのか、二十七日のことなのか、正確には記憶していなかったらしい。ただし、これまでみてきた経緯からすれば、それらは二十七日のこととみるのが妥当になる。

前半にみえる内容は、七手組衆による仲裁についてである。七手組衆は、且元と有楽・治長との仲裁を行い、双方の軍勢を退散させることに成功した。ここには七手組衆と且元との交渉についてしかみえていないが、有楽・治長との間にも、同じような交渉が行われたと考えてよいであろう。そして「御城」からの指示として、それぞれから人質を出させることになったことが知られる。

その人質は、七手組衆に出されているから、これは仲裁の一環として行われたもので、軍勢を退散させることの証しとして、出させたものと考えられる。当然、有楽・治長からも、七手組衆に対して、人質が出されたと考えられる。そしてその人質は、「御城」の了解のもとで、すぐに返却されたことが知られる。これはおそらく、双方が軍勢を退散させたことにともなうものとみられる。

そして後半では、茶々・秀頼は、結局は且元の行為を認めることはできないとして、且元を寺に居住させて隠遁することを命じるとともに、嫡子の元包に、秀頼の娘を嫁がせることを合わせて約束したということがみえている。「片桐条書」では、且元の隠遁を命じたのは、茶々となっていたが、それは次にみる、そのことを命じる茶々の条書が残されているからであろう。『浅井一政自記』に、そのことがみえないのは、これも今木一政が直接に、それに関わっていなかったためとみられる。

茶々から且元への条書――文書⑦ 9月27日

茶々から且元に対して、寺院への隠遁を命じてきたというのが、次にあげる茶々の条書である。

⑦茶々条書写（「譜牒余録」『大日本史料十二編十四冊』一一一二頁）

（原文）

一、こんとやしきのうちへ人数入候事、さたのかきりなるしかたとも、しよさいなきと申候ても、こんとのとをりに候へは、それハたちましき事、

一、市正しゆつけをも申、てらすまひ申へき事、いつもの守あけおき、もん〱の番をひかせ申へき事、

（本文読み下し）

一、今度屋敷の内へ人数入れ候事、沙汰の限りなる仕方とも、如在無きと申し候ても、今度の通りに候えば、それは立ちまじき事、

一、市正出家をも申し、寺住まい申すべき事、出雲守に明け置き、門々の番を引かせ申すべき事、

（本文現代語訳）

一、今度（片桐且元が）屋敷の内に人数（軍勢）を入れた事は、もってのほかの振る舞いであり、なおざりにしないといったものの、今度の内容であれば、それは実現することはできない。

一、市正（片桐且元）が出家でもして、寺に住まわせる、出雲守（片桐元包）に明け渡し、

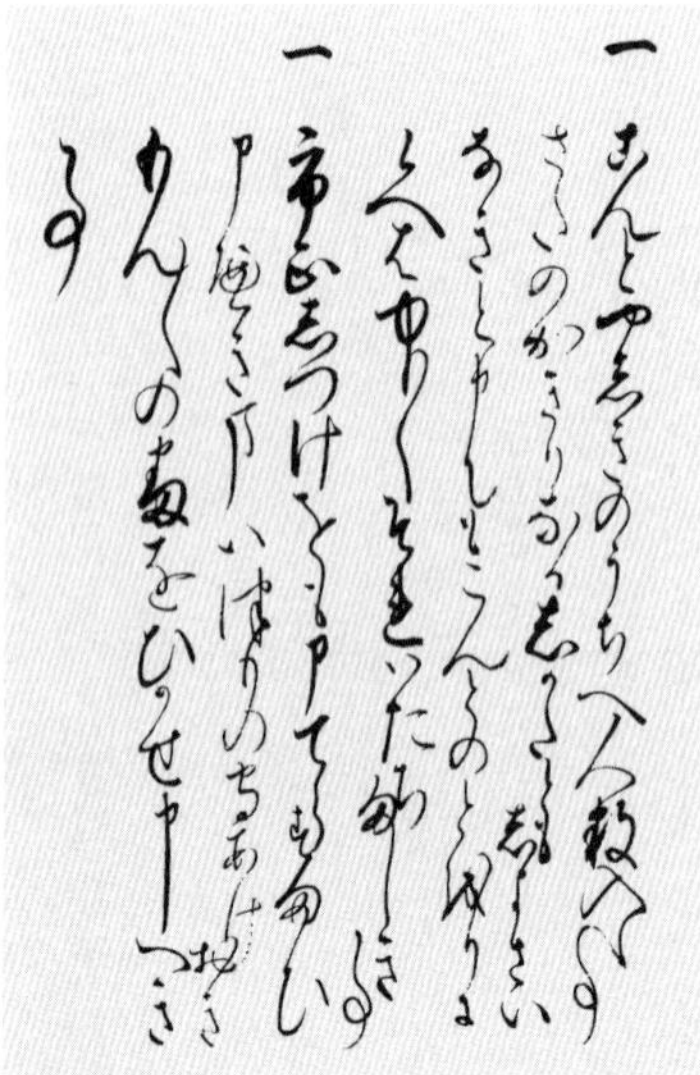

（年月日欠）茶々条書写〔国立公文書館蔵「譜牒余録」巻五七より〕

門々の番を引きささがらせなさい（、そうでもしなければ且元を許すことはできない）。

ここで茶々は、且元に対し、二ヶ条の命令をつきつけている。一条目は、且元が理由はどうあれ、屋敷に軍勢を入れたことは、明確に主人への敵対行為であり、これを決して認めることはできないとして、これまで且元を疎略にしないとして、身上を保証するといってきたけれども、こういう態度をとるからには、それは実現できない、とするもので、いわば且元の身上の保証はしないことを通知したものになる。

次いで二条目では、且元に対する処分をいい渡すもので、出家して寺院に隠遁すること、屋敷などを嫡子の出雲守元包に明け渡すこと、すなわち家督を元包に譲ること、且元が担当している大坂城での所々の門番を引き揚げること、すなわち担当している門の番所を引き渡すことを命じている。そうすれば且元の行為を赦免（しゃめん）する、としているものになる。これは、且元が隠遁すれば、片桐家の存続は認める、ということと考えられる。これについては『浅井一政自記』に、秀頼の娘を元包に嫁がせることがみえていたように、茶々は片桐家を断絶させる考えはまったくなかったとみることができる。

そうはいっても、ここにきて茶々は、ついに且元を処罰することにしたのであった。そうなった決定的な理由は、一条目にあるように、屋敷での武装であった。これは主人への反抗姿勢ととらざるをえず、これを容認することはできなかったからである。茶々としては、二十三日の出仕がなかった日から、この二十七日まで、再三にわたって且元の懸念を払拭しようと説得をこころみ、最後には起請文まで出して、身上の保証を約束してきた。それにもかかわらず、結局はそれに応えないばかりか、軍勢を屋敷に駐屯させ続けていたことで、且元を処罰せざるをえないとの判断となったといえよう。

茶々と且元、それぞれの真意

しかしこれまで、茶々にとって且元は、さんざんに頼りにしてきた存在であったことからすると、こうした決断を下さざるを得なかったことに、決して積極的であったわけではなかったように思われる。且元の隠遁により、片桐家の存続を図っていることは、そうした気持ちのあらわれと推測される。

関ヶ原合戦後からの十二年の長きにわたって、自分と秀頼を支えてくれた且元を処罰せざるを得なくなったことに、茶々はどのような思いを持っていただろうか。怒り心頭に発してのものであったのか、それとも苦渋の決断であったのか。あるいは織田有楽・頼長父子や大野治長らの意見に押されてのものであったかもしれない。そうした場合、片桐家の存続を図っているあたりからすると、何とか且元隠遁で済ませたい、できるだけ穏便に解決を図りたいと思っていたように感じられる。そこには茶々の、長年にわたる且元の功績への感謝をみることができるように思われる。

一方、且元はどのように思っていたであろうか。織田有楽や大野治長らが城内で軍勢を動員したため、家臣たちは対抗措置として武装した。且元もこれはやむを得ないと認識していたであろう。もし襲撃されたなら、それに抵抗しないわけにはいかなかったからであった。そうしなれば、正当な理由なく、自身だけでなく妻子までも殺害されることになるからである。且元としても、これを避けようとすることは当然のことといえる。

屋敷で家臣が武装したことに対して、且元は、決して城衆に攻撃してはならないといい、屋敷から討って出ようとするものがいたら、それを引きずり戻せ、とまで命じていた。武装はするが、交戦は決してしないという態度をとっていたのだ。また、七手組衆に対しては、秀頼への逆意などはまったくないといっていた。これらからすると且元のほうでも、茶々・秀頼に敵対しようなどという気はまったく持っていなかったと考えられる。

しかし、家康との交渉について不手際とされ、家康に寝返ったのではないかと疑われ、さらには織田頼長・大野治長といった秀頼の重臣たちが、自分たちを殺害しようとしている情勢になった。駿府での交渉を終えて、大坂城に帰還したのが九月十八日のことで、そうした襲撃の動きがみられたのは二十二日であったから、わずか四、五日で且元を取り巻く情勢は急変したことがわかる。それからは茶々・秀頼への出仕を取り止め、病気と称して事態の真相を見極めるのに精一杯であったように思われる。

茶々・秀頼からは、身上を保証する書状や起請文が送られてきたものの、織田頼長・大野治長らの動きが制約されることはなく、二十五日の晩には、城内に自身を誅罰するための軍勢が配備されたとあっては、彼らの行動に、秀頼の同意があるとしか思えないのも無理はない。城衆と家臣との軍事的な対峙の状況は、七手組衆が仲裁に入ったことで、なんとか解消されることにはなったが、そこに届けられたのが、隠遁を命じる茶々の命令であった。且元としては、茶々・秀頼が、織田頼長・大野治長らの動きを制約できない以上、茶々の命令を受け容れるしかないと判断したと思われる。

先の「片桐条書」では、茶々からの命令が届けられたことをうけて、七手組衆たちは、そうするしかないと且元に申し入れ、且元・貞隆はそれに従うことにして「二十六日」（正しくは二十七日）に屋敷から退去することを取り決めている。なお、ここでいっている屋敷とは、城内の上屋敷のことと考えられ、そこから城外の下屋敷に退去することをいっていると判断される。そのうえで且元・貞隆は、高野山に居住することを伝えたという。すなわち、高野山で隠遁する意向を示している。これらはいずれも茶々からの命令にあったものであった。茶々が、寺院への居住といっていたのは、具体的には高野山への隠遁であったことがうかがわれる。

こうして且元は、弟貞隆ともども、茶々・秀頼との主従関係を解消して、高野山に隠遁することに決したことになる。ただし且元は、その後に高野山への隠遁は実行していない。このことからすると、身の安全を期すために、茶々の命令を受け容れる姿勢をみせたにすぎなかったのかもしれない。もはや且元にとって、茶々・秀頼への信頼は失われてしまったものと思われる。あとは、どのように自らの身上を維持するか、を考えることになったに違いない。

いずれにしろここにいたって、関ヶ原合戦後の羽柴家を支えてきた、茶々と片桐且元は、政治的に決定的な対立にいたり、ついに且元は羽柴家から去ることになってしまったのである。

第六章　茶々・秀頼と且元の決裂

且元、城外の下屋敷に退去する――9月27日

こうして且元と貞隆は、大坂城外へ退去することになった。それらの動きについては、その他の記録にもみえている。

まず『時慶卿記』をみてみたい。そこには、二十六日のこととして、「大坂では（秀頼家臣が）市正（且元）に仕掛けようとしたところ、仲裁が入って（「扱いこれ有りて」）、まずは無事におさまった。大野修理（治長）・（織田）有楽が一味になって（「一身と」）、いろいろな謀（「雑談」）があったという。大坂では、市正は下屋敷に出て、主膳（貞隆）は茨木城に行ったという、とても大騒ぎになっている」と記している。

ここでは、秀頼家臣に且元を襲撃する動きがあったところ、仲裁が入って、とりあえず合戦にはいたらなかったが、且元は下屋敷に籠もり、貞隆は本拠の摂津国茨木城に退いた、と観測されている。仲裁をしたのは、先の「片桐条書」や『浅井一政自記』を踏まえると、秀頼馬廻衆・近習衆七手組の組頭とみてよい。そして且元襲撃の首謀者として、織田有楽と大野治長の名があげられている。これまで且元襲撃の先鋒に立っているものとして出てきていたのは、有楽の嫡子頼長と大野治長であったが、ここでは頼長ではなく、その父有楽の名が

あげられている。親子であるから、『時慶卿記』の筆者西洞院時慶は、両者は一体のものとみて、父の有楽で代表させたのであろう。

次に『当代記』をみてみたい。そこには、「大野修理（治長）・織田左門（頼長）以下の軍勢が（且元に対して）押し寄せたが、且元も覚悟して（防戦の姿勢をとり）、そのうえ弟貞隆も立て籠もったので、理由なく誅殺するのは難しくなり、治長から人質をとって、且元・貞隆は城外の下屋敷に退いて、そこに立て籠もった」と記している。これによれば、且元・貞隆は、城外の下屋敷に退くにあたっては、襲撃の首謀者の一人である大野治長から、人質を取って、ようやくに退去できた様子がみえている。

『言緒卿記』の九月二十七日条には、「大坂片桐市正（且元）は、秀頼卿の、前大樹（徳川家康）への使いの仕方が悪かったとして、御意に背いた」とあって、駿府との交渉内容が秀頼の気に入るものではなかったとして、秀頼の意向に背いた、とみられている。

また『義演准后日記』の九月二十七日条には、「大坂は大騒ぎで、片桐且元・貞隆は、切腹させられたらしい」と記されている。ここでは秀頼が、且元・貞隆兄弟を切腹させた、という情報が流れていたことがみえている。しかしいうまでもないが、これは誤伝である。とはいえ、そのような情報が流れるほどに、秀頼と且元との関係は、非常に悪化しているとみられていたことがわかる。

『舜旧記』の同日条には、「（且元は）駿府（家康）からの返答を（秀頼に）申し入れたけれども、（秀頼は）受け容れず、かえって叛逆しているといい出して、（且元は）いろいろ弁明したけれども、聞き入れられず、再度の起請文を出したけれども、納得しなかった」とある。これをみると、且元による駿府との交渉が不手際であり、逆に家康に寝返ったとされたことに対して、且元はさまざまに弁明したものの、秀頼には聞き入れられず、さらには二度にわたって起請文を差し出すまでしたものの、秀頼は納得しなかった、とされている。

ここでは且元から、秀頼に対して起請文が出されたことになっている。しかしこれについては、これまでみてきた史料にはみえず、何よりも茶々・秀頼から且元に出された書状類にそのことは記されていないうえ、「片桐条書」『浅井一政自記』にもそれをうかがわせるような内容はみられないから、これは誤伝と考えられる。そうではあるが、且元が懸命に弁明していたことが、このように伝えられたのであろう。

そして、九月二十八日付けの板倉勝重書状には（「大伴来目雄氏所蔵文書」『大日本史料十二編十四冊』一一二三頁）、先にみた二十三日の事態について記した続きに、「且元をそのまま城中におくことはできないので、すぐに立ち退かなければ、焼き尽くすつもりだと、秀頼は使者を立てていい付けたので、昨日（二十七日）、大野治長と人質を取り交わして、天王寺まで立ち退いたとのことだ。且元に同調して六人が大坂から退去したとのことだ。このようなことなので、きっと（家康の）出陣があるに違いない」と記している。

ここにも、且元・貞隆が城外に退去するにあたって、大野治長と人質を交換したことがみえている。ただしこの交換とは、それぞれが七手組の組頭に差し出したことをいっているものと考えられる。そして退去した先は、天王寺口であった。『当代記』には退去先は「下屋敷」とあったから、これによって、この天王寺口に、且元・貞隆の下屋敷が所在していたことがわかる。こうして二十七日に、且元・貞隆はともに城内の上屋敷から退去し、城外の下屋敷に入ることになった。

絶大だった且元の権力

この城外への退去の状況について、「片桐条書」は次のように記している（『大日本史料十二編十五冊』六頁）。

この仲裁が成ったため、且元・貞隆は務めていた城の番所を、七手組の組頭に引き渡した。且元は、玉造口の大門、青屋口の大門、裏手筋金の門、水の手の「うずみ」（「たつみ」の誤記、巽）門、城の玄関前の門の五ヶ所（を担当し）、京橋口の大門を貞隆が務めていた。この門は、大坂城から退出する日の朝に引き渡した。それ以外は生玉口の門一ヶ所だけ、織田有楽の番所であったため、大坂城の軍勢の出入りは、この門から行われた。

九月二十六日（正しくは二十七日）、且元・貞隆は大坂城を退出することに決まり、それらの番所を引き渡したからには、すぐに退出するべきとのことを、七手組の組頭はいったけれども、蔵米や金銀を城に差し上げ、（秀頼の）黒印状や諸手形を取り集めて、収支決算を行うために、晦日（二十九日）まで滞在した。

これによれば、且元と貞隆は、七手組の組頭の仲裁をうけて、それぞれが務めていた城門の番所を、七手組の組頭たちに引き渡すことになった。これも茶々からの命令に含まれていたことであったから、且元・貞隆は、忠実に茶々の命令に従ったことになる。且元が担当していた城門の番所は五ヶ所があり、貞隆は一ヶ所があったことが知られる。このうち貞隆が担当していた京橋口の大門については、且元・貞隆が大坂城から退去する日の朝に引き渡した、というから、それ以外はすぐに引き渡されたものと考えられる。またそれ以外の城門の番所は、生玉口の門一ヶ所があるにすぎず、それは織田有楽が管轄していたもので、そのため織田有楽・頼長や大野治長の軍勢は、ここから城内に入ることができたという。

そうすると織田頼長・大野治長らが動員した軍勢は、基本的には城外に居住していた家臣たちであり、この有楽が管轄する城門の番所からのみ、城内に入ることができたものとみられる。逆にいえば、それ以外の城門の番所は、すべて且元・貞隆によって管轄されていて、

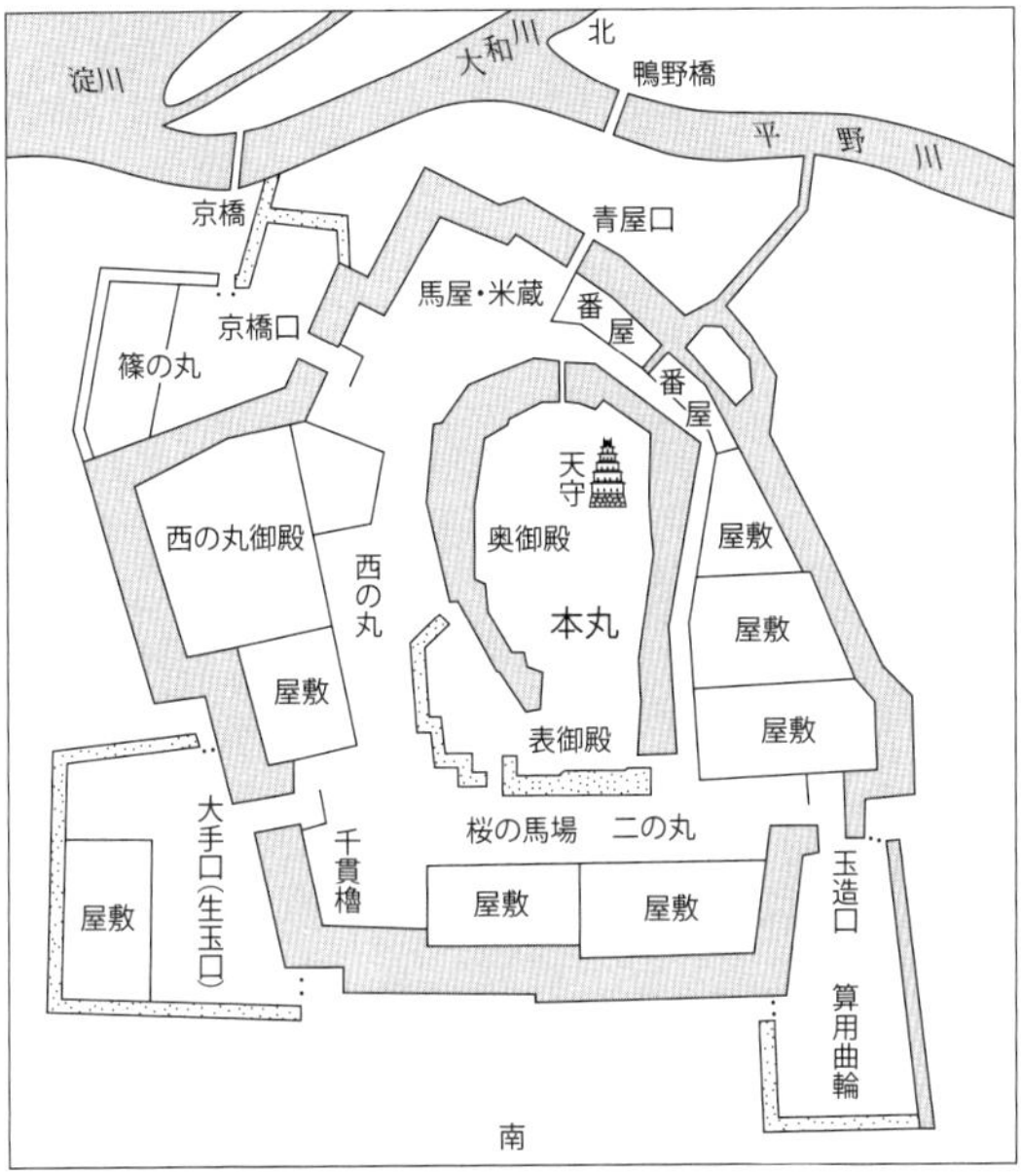

大坂城縄張図（「『歴史群像』名城シリーズ 大坂城」掲載図をもとに作成） 慶長19年9月頃まで、且元は玉造口や青屋口の大門など5ヶ所の番所を、貞隆は京橋口の大門の番所を務めた。

かれらの家臣も、それらの城門の番所を通って、城内に入り、二の丸の且元屋敷に参集することができたことがわかる。大坂城の七つの城門のうち、六ヶ所を且元・貞隆兄弟で管轄していたことからみても、羽柴家の家政において、いかに且元が絶大な権力を握っていたかがうかがわれる。

そして九月二十六日に、且元・貞隆は城外に退出すると決まったとあるが、これは先

にみたように、他の記録史料にみえる記載を踏まえて、二十七日のこととみるのが妥当であろう。ところがここには、城門の番所を引き渡したことをうけて、七手組の組頭たちは、すぐに城外に退去するべきといったが、且元は、それまで管理していた蔵米や金銀を差し上げること、秀頼の黒印状や諸手形をもとにした収支決算を行うことにし、そのために晦日（二十九日）まで上屋敷に滞在した、とある。

ここにみえる「片桐条書」の内容によれば、且元・貞隆は、二十七日以降も、城内の上屋敷に留まったことになるが、これは誤伝であろう。他のこれまでにあげた諸史料に、この日に城外に退去したことがみえているからである。とくに板倉勝重書状には、天王寺に所在する下屋敷に移ったことがみえていた。「片桐条書」は、後の十月一日の大坂そのものからの退去について、この城内屋敷から退去したように記したかたちになっているが、これは城外への退去、下屋敷への滞在を省略したか、失念したかによるものと思われる。したがって実際には、城外に退去したとみてよく、収支決算などの作業は、この下屋敷で行われたものとみておきたい。

ところで城外に退去した後も、且元が収支決算の作業をしたとされていることは注目されることと思われる。蔵米と金銀を城に差し上げた、ということは、それまでは且元がそれらを管理していたことをうかがわせる。さらに、秀頼の黒印状や諸手形をもとに収支決算をするということは、それらの書類はすべて且元が管理していたことをうかがわせよう。これらのことからすると、且元は、羽柴家の一人家老として、その財政を一手に引き受け、取り仕切っていたことがうかがわれる。

この収支決算作業を行ったことについては、『浅井一政自記』にもみえていて、茶々・秀頼から且元に寺への居住が命令されて、事態が一段落したことをうけて、

　このような成り行きのため、且元は御算用を済ませて、算用帳を「御城」に提出し、皆済帳を出してもらったとのことだ。

と記されている（『大日本史料十二編二十冊』一九五頁）。ただし作業した場所が、上屋敷であったのか、下屋敷であったのか、判断できるような記述はない。

このように且元が、大坂城の城門の番所七ヶ所のうち五ヶ所を管轄し、羽柴家の財政すべてを取り仕切っていたということをみると、やはり且元の存在が、羽柴家の家政において決定的に重要な存在であったことが、あらためて認識されるものとなる。且元は、これより一〇年前の慶長九年（一六〇四）に、もう一人の家老であった小出秀政が死去してからは、唯一の家老として存在し続けてきた。いわば且元は、羽柴家の家政を、事実上、一手に引き受

けてきた存在であったといえる。このことをみると、その且元を追放においやってしまった茶々・秀頼の判断は、本当に独自のものであったのか、疑問に思えてくるのである。

また且元も、自身のそうした立場を充分に認識していたためであろう、残務処理をきちんと行おうとしている。おそらくそうしないと、この後、羽柴家の家政が著しく混乱してしまうことが必須であったからと思われる。もし且元が、茶々・秀頼に対して反抗の意向があり、また両者を本当に見限っていたのなら、こうした残務処理を行うことはないに違いない。且元は自身が追放の身になっても、最後の最後まで、羽柴家の存続に尽力しようとしていたといえるのではなかろうか。

織田有楽・大野治長からの人質

ところで且元・貞隆は城外に退去するにあたって、大野治長から人質を出されていた。このことは先に取り上げた板倉勝重書状や『当代記』にみえていたことであった。実は「片桐条書」にも、大野治長からの人質の件はみえているのであるが、そこでは十月一日の大坂そのものからの退去にあたってのこととして記されている。しかし、板倉勝重書状にそのようにみえているのであるから、「片桐条書」にみえる人質に関する内容は、この時からのこととして理解してよいと考えられる。

「片桐条書」によれば、且元に対して人質として出されたのは、織田有楽の子武蔵守尚長（なおなが）と、大野治長の子信濃守頼直の二人であったことが知られる。これまで示してきた史料にも、且元襲撃の首謀者として、織田有楽・頼長父子と大野治長の名があげられてきていたが、ここで且元の城外退去にあたって、彼らが人質を出していることは、そのことを裏づけるものとなる。織田尚長は、有楽の五男、慶長元年（一五九六）生まれで、この時は十九歳であった。大野頼直は、治長の長男、慶長三年の生まれで、この時は十七歳であった。ともにこの年の七月三日に、それぞれ武蔵守・信濃守に任官して（「柳原家記録」）、秀頼の直臣になっていた。

このように織田有楽・大野治長から人質が出されたことも、七手組の組頭たちによる仲裁の結果と考えられる。そうすると七手組の組頭たちは、且元襲撃の首謀者との間を仲裁したのであり、且元の生命を、織田有楽父子・大野治長に保証させるために、人質を出させたと考えられる。当然ながら、彼らが独自の判断で行動できるわけはないので、それは茶々・秀頼の意向を背景にしたものと思われる。そうであれば、このことからも、茶々・秀頼は、且元の生命の保証を図っていたとみることができ、片桐家の存続を図っていることといい、やはり両者の対立を、できるだけ穏便に済ませようとしていたことがわかる。

織田常真の大坂退去——9月27日払暁

且元と貞隆が大坂城内から退去した二十七日、大坂城ではそれ以外にも驚くべき事態が生じていた。先にみた、二十八日付けで板倉勝重が本多忠政に送った書状には、且元たち以外にも、且元に同調して六人が大坂を退去したことが記されていた。その代表的な一人が、織田常真であった。その板倉勝重書状にも、「常真様は、昨夜暁に伏見に退去された」と記されている。

なお、板倉勝重が十月二日付けで同じ本多忠政に宛てた書状では、「常真も、去る二十八日の夜に、子たちを「岡崎殿」（信長の娘、家康長男松平信康の後室）のところまで行かせ、自身は京都嵯峨あたりに行ったという」と記している（『大日本史料十二編十四冊』一一一九頁）。常真の大坂退去が、二十七日夜明けなのか、二十八日夜のことなのか、二つの情報があることになるが、板倉勝重が二十八日付けの書状で最初にこのことに触れているので、後者はありえないとみてよく、したがって常真の大坂からの退去は、二十七日夜明けのこととみてよいであろう。

この二十七日の夜明けの時点では、まだ城内では、且元と織田有楽・大野治長とがそれぞれの屋敷に軍勢を籠めて対峙していた状況にあった。そのようななかで常真は、城下の屋敷から退去して、伏見もしくは京都嵯峨に移ったことになる。そこで思い起こされるのは、且元襲撃の首謀者の一人であった織田頼長の発言である。これについては先にも少し触れているものとなるが、二十六日頃に板倉勝重が本多正純に飛脚で送った書状に、「市正（且元）が駿河に下向したら、秀頼を大坂城から追い出して、織田常真を大坂城に入れて、大将にして籠城しよう、ということを織田左門たちが相談した」と記していたように（『当代記』）、頼長によって大坂城の惣大将に担がれかねない状況にあった。

常真が退去したのは、まさにその直後にあたることからすると、退去の理由は、大坂方の惣大将になるのを回避するためであったと考えられる。関ヶ原合戦後、従妹にあたる茶々とその子秀頼から扶持を得て生計を維持していたものの、自身の没落につながる事態は御免蒙(こうむ)る、とのことであったと思われる。

ちなみにこの常真に関しては、例えば『慶長年録』などによれば、茶々から城内に呼び出され、且元に代わって家老にするという話があったことがみえている（『内閣文庫所蔵史籍叢刊六五巻』三八三頁）。それによれば、二十一日（正しくは二十二日であろう）に、常真は茶々（「御袋様」）から城内に呼び出され、且元の秀頼への逆心が疑いないので、明日成敗することにしており、その後に且元に代わって、常真に「万事指し引きを頼む」、すなわち家政全般についての差配を依頼している。すなわち執政への就任要請があった、というのである。

しかし、この話は信用できないであろう。二十三日未明に、常真は且元に、城内で且元を襲撃する動きがあることを報せているが、それは家臣からの報告によるものであった。したがって常真が、登城して、茶々からそのことを報されていたということはあり得ない。またこれまでにもみているように、茶々・秀頼は、且元の二心を疑ってはいたものの、誅殺はまったく考えていなかったのであるから、こうした茶々・秀頼が、且元誅殺を図っているような話は、すべて後世、もしくは周辺の人々による憶測のようなものとみられる。

茶々・秀頼を見捨てる織田家一族

ちなみに常真の大坂退去とは、直接には関係しないと思われるが、一族の織田刑部大輔信則（のぶのり）も、大坂城から退去している。この織田信則は、常真の叔父で、有楽には兄にあたる織田信兼（のぶかね）の三男である。父の信兼も、秀吉生前から、常真とともに秀吉の御咄衆（おとぎしゅう）とされていて、関ヶ原合戦後もそのまま秀頼に仕えていたが、この年の七月十七日に死去していた。その遺領については、秀吉時代から存在していた長男の民部少輔信重（のぶしげ）と、この信則との間で争いがあったらしい。具体的なことはわからないものの、この遺領相続に関して、信則は秀頼の判断に不満があったらしく、そのためこの時、秀頼のもとから退去したのだという（「山本日記」『大日本史料十二編十四冊』一一二四頁）。

なお、信則の兄信重については、この時の動向については把握できていないが、直後には幕府方から軍事動員をうけているので（「譜牒余録」『大日本史料十二編十五冊』五三三頁）、幕府方の態度をとったことがうかがわれる。あるいは、且元の大坂城外への退去と同時に、大坂から退去した六人のなかに入っていたのかもしれない。この信重は、父信兼が秀吉時代に改易された後、領国大名として取り立てられ、常真・有楽とともに秀吉の御咄衆に加えられていた。関ヶ原合戦後も、そのまま秀頼に仕えて丹波国柏原領三万六〇〇〇石を領知していた（「慶長十六年禁裏御普請帳」『続群書類従第二十五輯上』）。この領知高は、秀頼家中である「大坂衆」のなかでは最高のものである。ちなみにそれに続くのが、且元の三万石であった。

このように織田家一族は、織田宗家当主の常真、信兼父子、有楽父子など、有力一族はこぞって羽柴家の家臣、ないしはその扶持をうけていた。それは秀吉段階で、織田家一族が親類衆の扱いをうけ、関ヶ原合戦後も、羽柴家の事実上の家長であった茶々が、織田家一族の出身であったから、それらの織田家一族は、茶々を頼っての結果とみられる。

しかし常真にしろ、信重・信則兄弟にしろ、江戸幕府との関係が深い且元が失脚させられ、やがては羽柴家と江戸幕府との開戦にいたると予測すると、あっさりと茶々と秀頼を見捨てているのである。茶々が頼られていたのは、関ヶ原合戦後において、織田家一族のなかで、最も勢威のあった存在だったからであった。しかしこのことは、一族のなかで最も勢威あるものが、一族を扶養する状況にあった、という当時の武家社会の在り方をうかがわせるものとなる。

有力家臣らにも見限られる羽柴家

織田常真以外にも、羽柴家中の有力者のなかで、且元の城外への退去に合わせて、大坂城から退去したものがいた。それが石河（いしこ）伊豆守貞政である。石河貞政は、木工兵衛（もくのひょうえ）光政の嫡子で、天正三年（一五七五）の生まれで、この時は四十歳であった。『駿府記』に、「去る二十八日、石河伊豆守（貞政）妻子を引き連れ、大坂城中を立ち退く。市正（且元）縁座たるにより、天野に赴く」とあって、二十八日に、妻子ともども大坂城から退去し、河内国天野に行ったと記されている。

父光政の弟に伊賀守光重があり、光重は秀吉初期の重臣である六人衆の一人であった。光重の子に、紀伊守光元・備前守光吉（のち貞清）・掃部介一宗の兄弟があったが、いずれも秀吉の奉行衆として活動していた。また、慶長四年（一五九九）に秀頼が大坂城に移った際、光吉・一宗は、且元とともに、秀頼の重臣になっている。彼ら兄弟は、大谷吉継・石田三成と姻戚関係にあり、そのため関ヶ原合戦では、彼らに味方し、それにより没落している。

貞政は、関ヶ原合戦では、従兄弟たちとは異なって江戸方に味方した。戦後も秀頼の家臣として存続し、五〇〇〇石の所領を与えられていた（「慶長十六年禁裏御普請帳」）。この所領高は、一見少ないようにも思われるが、秀頼家中のなかでそれ以上の所領を与えられていたのは、九名ほどしかいなかったから、いわば貞政は、羽柴家中のなかでは、中級の上位家臣として位置していた存在といえる。

二十三日に且元が出仕した際に、これを誅殺しようとする動きがあったが、この時は石河貞政も、織田頼長・大野治長とともに、その一人とみられていた（『駿府記』）。それがこの時には、且元の「縁座」であるために、大坂城から退去したというのである。この「縁座」の具体的な関係についてはわからないが、貞政は且元とは何らかの親しい関係にあったものと思われる。且元が大坂城中から退去させられたことで、貞政は、何らか秀頼から処罰などをうける可能性を想定し、そのため大坂城からの退去を決断したのであろう。

先の板倉勝重書状では、且元の大坂城内からの退去にともない、その他にも六人の秀頼家臣が同様に大坂城から退去したことを記していた。石河貞政がその一人であったことは間違いないように思う。織田常真・信則も含んでいた可能性はあろう。しかし、それ以外については、よくわかっていないようである。今後の研究課題といえるであろう。

だが、そうであっても、それなりに有力な秀頼家臣が、複数、相次いで大坂城を退去するということは、尋常ではない。それだけ且元の大坂城内からの退去、すなわち失脚が与える影響が大きかったことがわかる。周囲の人々は、且元が城内から退去させられたことで、羽柴家と江戸幕府との開戦は必至と認識したものと思われる。且元に同調して大坂城から退去した人々も、それを強く認識していたがゆえに、そのような行動をとったに違いない。そしてこのことは、茶々・秀頼による羽柴家の家中統制が、充分なものではなかったことを示しているように思われる。

開戦必至。秀頼、弁明を試みる——9月28日

羽柴家の唯一の家老であった且元を処罰し、城内から退去させたことが、江戸幕府との関係に大きな影響を及ぼすことについては、茶々・秀頼も充分に認識していた。そもそも且元は、いわゆる方広寺鐘銘問題について、徳川家康と交渉している最中にあった存在であり、それを放逐（ほうちく）するということは、家康との交渉を破綻させることになってしまうことは、自明であったからである。家康は実際、且元が二十三日、自身を誅殺する動きがあるため、秀頼

への出仕を取り止めて、屋敷に引き籠もったことを二十五日の報せで知り、ひどく立腹していたのであった（『駿府記』）。

秀頼はその二十三日、先にもみたように、島津家久に且元の処遇について報せる書状を出していたが、それによれば、江戸幕府への敵対まで決心していたわけではなかったと思われる。ただし、副状を出している大野治長は、江戸幕府への敵対は必至とみていて、十月十日までにはその態度を明らかにすることを伝えていて、（家久に）援軍としての出陣を要請していた。大野治長・織田頼長あたりは、且元の誅殺を検討した時点から、江戸幕府との交戦をも辞さない考えであったことは確かとみられる。

しかし茶々・秀頼は、且元を処罰したものの、それでただちに江戸幕府との交戦を決意したわけではなかった。ただし、且元の処罰により、家康との交渉を破綻させることになるため、その事情説明が必要になった。そうして二十八日、事情説明の書状を京都所司代の板倉勝重に宛てて出し、さらに家康と秀忠の双方に対して、使者を派遣している（『当代記』）。

板倉勝重に宛てた書状は、
こちらの状況を桑山市右衛門（重正）から伝えます。今回片桐市正（且元）が駿府から帰ってきて、自分の屋敷に軍勢を集め、不届きの態度をとり、言い尽くせないので、詳しいことは使者にいい含めました。駿河（家康）・江戸（秀忠）にも使者を遣わし、いい含めましたけれども、なおあなたにもご承知おきいただきたい。

という内容のものであった（「譜牒余録」『大日本史料十二編十四冊』一一二四頁）。

秀頼の書状となっているが、これまでの経緯をみれば、茶々の意向も反映されていたとみて差しつかえなかろう。ここでは、且元に主人敵対の態度があったので、城内からの追放となった、ということが述べられているにすぎない。この後、家康との交渉の継続について、どのようにするつもりであったのか、ここにはみえていない。あるいは、使者にいい含めていたのかもしれない。

しかし、茶々・秀頼の思惑はどうであれ、且元の城内からの退去は、世情を騒然とさせた。『義演准后日記』九月二十八日条には、「大坂雑説」とあり、二十九日条には、「且元・貞隆から返事が来た、まだ二の丸の宿所に居る、（大坂城では）家康への敵対の態度をとったとのことだ、とんでもない」とあり、『東大寺雑事記』九月二十八日条には、「大坂は物騒で、片桐貞隆・伏屋飛驒守（一盛）に見舞に行ったが、いいようもないほどあわただしくしていた」とあり、二十九日条には「片桐且元・貞隆兄弟は、進退が果ててしまったことはいいようもない」とある（『大日本史料十二編十四冊』一一一六頁）。

このように世情は、且元が大坂城内から退去させられたことをうけて、且元は羽柴家のなかで失脚したと理解し、さらにそれは、羽柴家が江戸幕府に敵対の態度をとった、と理解していた様子がみられる。

家康激怒。幕府方の判断は「戦争になる」――9月25日～10月1日

それでは、この且元をめぐる事件に対して、江戸幕府ではどのように反応したのであろうか。

幕府方がこのことを知った最初は、九月二十五日のことであった。先にも触れているが、且元は茶々・秀頼への出仕を取り止めた二十三日、事態の状況を、家康に飛脚を用いて連絡し、それが駿府の家康のもとに到着したのが、その二十五日のことであった（『駿府記』）。もちろん、それと同時に且元は、京都所司代の板倉勝重などにも連絡していたであろうから、幕府方のものが知ったのは、その直後のこととみられる。このことが家康のもとにもたらされたのが、あくまでも二十五日であったということになる。そうして家康は、これを聞いて、激しく立腹したという。

この後、板倉勝重は大坂城の動静を注視したものと思われ、二十六日頃には、その二十三

日に起きた出来事として、織田頼長・大野治長らが且元を誅殺しようとし、それを知った且元が、屋敷に引き籠もったことを、家康に向けて報せている。しかし、これが家康のもとに到着したのは、十月一日のことであった（『駿府記』）。かりに、これが二十六日の書状であったとしたら、五日かかって到着したことになる。ちなみにこの後においても、板倉勝重の連絡が駿府にもたらされるには、だいたい五、六日ほどがかかっている。そうすると且元からの第一報が、わずか三日で駿府に届けられているのは、驚異的なことであった。

しかも幕府方は、大坂城での騒動勃発を報されると、すぐに反応したことがうかがわれる。翌日の二十六日には、諸国の大名に対して、大坂で騒動が起きていることを連絡しているのである。例えば、出羽秋田二十万石の大名である佐竹義宣に対し、二十六日付けで、「大坂で若衆（大野治長らのことであろう）が雑説（且元誅殺の動きであろう）を行って、騒動になっている」ということを伝えていることが知られる（『千秋文庫所蔵佐竹古文書』六一号）。すでに幕府方では、大坂城での騒動が、羽柴家との合戦につながる可能性を想定していたことがうかがわれよう。

且元がその後、第二報を出したのかどうか、明確には確認できない。しかし、その後の且元をめぐる状況について、幕府方が把握していることが知られるので、当然ながら、且元は続報を出していたとみられる。その内容が示されているのは、十月二日付けで本多正純が、伊勢・伊賀の国持大名である藤堂高虎に宛てた書状である（「藤堂家文書」『大日本史料十二編十四冊』二一一四頁）。十月二日付きで出されていることから、且元から書状が出されたのは、二十七日頃以前のことと推測される。そこにみえる内容は、

片桐且元は、大坂城本丸で腹を切らされることになったので、機転を利かせて、病気になったといって、屋敷に滞在すると、津田左門（織田頼長）が屋敷に軍勢を籠めて、攻めようとしたけれども、且元の軍勢が多かったので、攻めることができなくなり、秀頼から自筆の書状と茶々（「御ふくろ」）からの書状が、且元のところへ寄越されて、羽柴家については且元の存分にしていいといってきた。今回の顚末は、大野修理（治長）が頭取になって起きたこととのことだ。また有楽の子左門尉（頼長）も、大坂城に駆けつけたとのことだ。

というものである。ここには、秀頼と茶々から書状を送られてきたことがみえていて、それは二十五日のことであり、その後の展開についてはみえていないので、おそらく且元は、二十五日の深夜か二十六日になって書状を認め、駿府に送ったものと推測される。それが駿府に到着するのは、十月一日頃のことと思われる。正純はそれをうけて、翌日に藤堂高虎に書

状を出したのであろう。

ここから、事態について、且元がどのように家康に連絡していたかがうかがわれる。且元を殺害しようとしている首謀者は、大野治長であり、それに織田頼長が加担した、とみていたらしい。また、茶々・秀頼から書状を与えられたことについて、それは今後、羽柴家の家政について且元に一任する、という内容のものであったと受けとめたことがうかがわれる。実際にその時に、且元がそう認識していたのかはわからないが、少なくとも家康には、そのように伝えたことがわかる。

二十八日になって板倉勝重は、徳川譜代の有力大名で、伊勢国桑名城主の本多忠政に宛てて書状を出している。そこでは、前日二十七日までに起きたことが記されている。且元が大坂城内から退去したこと、渡辺筑後守が駿府に行くのでそのことを伝えたこと、織田常真が大坂から退去したこと、このような事態になった顚末を二十三日の状況から伝え、且元の城内退去にあわせて他にも六人の秀頼家臣が大坂から退去したこと、そしてきっと戦争になるので、今から準備をしておくのがいい、と述べている（「大伴来目雄氏所蔵文書」『大日本史料十二編十四冊』一一一三頁）。

ちょうどこの日は、秀頼が事態の弁明のために、板倉勝重に書状を出し、駿府と江戸に対して使者を派遣した日でもあった。しかし、それらが駿府に到着するのは、十月三日頃のことであったと推測される。実際にはそれより以前の十月一日に、家康は大坂城攻めを決定するのであった。だが、その二十八日の時点で、幕府方の首脳では、羽柴家との開戦は必至と判断されていたのであった。

大坂城の武装開始――9月29日頃

且元は二十七日に、城内から退去し、天王寺の下屋敷に入った。先にみたように「片桐条書」によれば、そこから二十九日までの三日間、羽柴家の収支決算を行っていたとみられる。その間、且元はその後についてどのように考えていたのであろうか。そのことをうかがわせる材料に、『浅井一政自記』がある。その内容をみてみよう（『大日本史料十二編二十冊』一九六頁）。

九月二十九日か晦日かは忘れたが（正確には二十九日が晦日）、且元は今木一政に、「今木も連れて退去するつもりなので、その準備をしなさい」といった。今木は「尤もなことではあるが、且元殿が退去したら、大坂はすぐに滅びてしまうので、後に残るつもりです。そちらへの御奉公はこれまでです」というと、且元はいろいろ説得してきたが、今木は固い意志を示したので、且元から伊藤（東）丹後守（長次）に取りなすことになり、且元は「そちらにいって釈明（「侘び事」）しなさい」といった。今木は「伊東長次と私はなおざりではない」といって、伊東長次のところに逃げ込み、竹田大阿弥の親の兵助を通して、大野修理（治長）に釈明すると、治長は聞きいれて、「寄親に奉公しただけのことで、秀頼に対して逆意したわけではない」といって、秀頼に取り次ぎ、秀頼から赦免をうけた。けれども疑われて、懇切にはしてもらえなかった。この間には、荒木勘十郎などは、谷町で殺害された。

ここで且元は、寄子であった今木一政にも、自身とともに大坂から退去することを求めている。しかし、今木はそれを断って、秀頼家臣を続ける意向を示したため、且元は七手組衆の伊東長次に今木の庇護を依頼している。そうすると且元は、収支決算を終えると、大坂そのものから退去する意向であったとみることができる。そうであれば且元は、二十七日に城内から退去した時点で、羽柴家から去ることを決めたものと思われる。

その時、茶々からは、嫡子元包に秀頼の娘を嫁がせるなど、片桐家の存続について保証をうけていた。しかし、且元が羽柴家から退去することを決めていたとすれば、そもそも且元は、その時点ですでに、羽柴家のもとでの存続には見切りをつけたものと思われる。且元は、収支決算が終わり次第、羽柴家から退去する意向にあったと思われる。

ところで今木は、大野治長から、秀頼に逆意したのではない、として秀頼家臣への復帰を認められたかたちになっている。そうするとすでにこの時点で、大野治長は、且元を秀頼に叛逆したものとして扱っていたことがわかる。ここには、荒木勘十郎という人物が殺害されたことがみえているが、この荒木も、且元の寄子であったのであろう。且元への与同を疑われて、殺害されたと推測される。そうであればこの頃、大坂城の内外では、「反逆者」且元の与同者への制裁が行われていたとみられる。織田常真や石河貞政らが、羽柴家から退去したのは、こうしたことから遁（のが）れるためであったのであろう。

こうした制裁行為について、茶々・秀頼が承知していたのかは不明である。これまでの状況から判断すると、おそらく無関与であったと思われ、それらは大野治長の判断ですすめられたと考えられる。治長は、且元退去ののち、羽柴家の家老となって、その家政を取り仕切っていくことになるが、先に且元についてみたように、羽柴家において家老は、主人秀頼の許可を得ることなく、家中への統制を行うことができていた。治長の行為も、それに則（のっと）ったものだったに違いない。

そして治長は、秀頼に幕府方に対する事情説明の書状を出させる一方で、幕府方との交戦の準備を開始したようである。すでに二十三日の時点で、島津家久に援軍としての出陣要請を行っていたことからすると、治長にとっては、いわば既定路線をすすめただけのことであったかもしれない。そしてこの二十九日の頃には、城郭の普請をすすめ、各地から牢人を召集し、籠城戦の準備をすすめたらしい。そのことは十月五日に、板倉勝重からの飛脚で、駿府に報されているから（『駿府記』）、そうした状況が顕然となったのは、その二十九日頃のことであったに違いない。

高台院寧々の想いは空しく――9月29日

その二十九日、こうした大坂城の状況を見かねてか、京都から大坂に行こうとしていた一人の女性がいた。秀吉の後室高台院寧々である。秀吉の死後も、「北政所」と称され続けて、秀吉後室の筆頭に位置していた彼女は、慶長八年（一六〇三）に朝廷から高台院殿の院号を与えられていたが、出家したわけではなかった。そして、大坂城から京都に移った同四年以来、羽柴家の京都における新たな拠点であった、「京都新城」（禁裏御所の南東角）に居住し続けていた。

高台院寧々は、その後も京都在住の羽柴家の代表者として、朝廷との交流や豊国社への参詣などを行っていた。さらには、大坂城と江戸幕府との橋渡しも行っていた。当然ながら、大坂城との間の交誼も続けられていたが、それを維持するための役割を果たしていたのは、且元であったらしい。その且元の身上をめぐる問題が生じ、大坂城では幕府方と開戦しようとしているという状況になれば、居ても立ってもいられなくなったのかもしれない。

高台院寧々は、二十九日に、大坂に行こうとしていることが噂されていて、実際に翌十月一日に、京都屋敷を発って大坂に向かったものの、鳥羽から引き返してしまっている（『時慶卿記』）。なぜ大坂に向けて出立したにもかかわらず、途中で引き返してしまったのだろうか。

ちょうどその日の明け方（六時頃）、且元は大坂そのものから退去したところであった。大坂城との関係は、この且元を通じて維持されていたことからすると、寧々としても、且元がいなくなっては、何ら働きかけができないと判断したのか、そもそも且元の身上を取りなすために出かけたのに、その且元が退去したとあっては、為す術（すべ）がない、と思ったのかもしれない。

且元・貞隆の大坂退去――10月1日

そうして且元は、貞隆らの一族・家臣を連れて、十月一日、ついに大坂城下の下屋敷からも退去し、弟貞隆の本拠の茨木城に入ることになる。これは且元が、羽柴家そのものから退去したことを意味し、すなわち自ら茶々・秀頼との主従関係を切断するものであった。

この退去の様子について、「片桐条書」は次のように記している（『大日本史料十二編十五冊』六〜七頁）。

十月一日卯刻（午前六時頃）に且元は屋敷を退去した。貞隆とともに、元結いを払い、家臣たちには、突然だが事情があって、茨木城に行くことになったので、このことを了解するようにといい渡した。且元は羽織だけを着て、乗り物に乗って退出した。次に且元・貞隆兄弟の妻子や家臣の妻子や老人（「足弱」）が続き、その後に貞隆が出立した。行列が切れないように出ていった。貞隆や供の家臣は、具足を身に付け、武器を抜き身にして、火縄銃には火縄を付けて持たせた。

この見送りに七手組の組頭は、大坂から一里ほど出て行き、大野治長の子信濃（頼直）と織田有楽の子武蔵（尚長）を人質にとっていたため、且元・貞隆兄弟は気に入って、荷鞍馬に乗せ、武器なしに侍一人・小者一人を付けて連れていった。河内国荒川からその人質二人を送り返した。且元・貞隆は日没の頃に茨木城に到着した。

且元は、十月一日の夜明け頃、午前六時頃に一族・家臣を引き連れて、城下の屋敷を退去して、茨木城に向かった。且元は平装で乗り物に乗っていったが、貞隆や家臣たちはみな武装して、武器も抜き身・火縄を点けるなど、臨戦態勢をとっての行軍であった。これはいわゆる「武者押し」と呼ばれる行列の在り方となる。しかも行列は途切れないようにしていたという。いうまでもなく、大野治長らからの攻撃に備えてのこととみられる。ちなみにその人数は、「四千人」であったという（『東大寺雑事記』同前八頁）。

且元は、羽柴家中のなかでは、二番目の領知高を有した大身であった。したがって、城内外にも多くの家臣がいたと考えられよう。さらに、これには弟貞隆とその家臣も加わっていた。それらの妻子も含めて、四〇〇〇人ほどであったということであろう。

また退去にあたっては、大野治長・織田有楽から人質が出されていたことがわかる。おそらくこれを仲介していたのは、七手組衆であったろう。大野治長からは嫡子の頼直、織田有楽からは五男の尚長が人質として出されている。これは七手組衆が、且元が無事に大坂城外に退去できるように、治長・有楽らが攻撃しないようにとして、取り計らったものと思われる。七手組衆は見送りとして、城外一里ほどまでついていったとあるが、これもいわば護衛のためであったと思われる。

治長・有楽からの人質といい、七手組衆による護衛といい、そして且元の家臣たちも完全武装しているという状況からすると、この退去が、相当の緊迫状況のなかで行われたものであったことがうかがわれる。実際、前日には、且元に与同していたとみられていた秀頼家臣が、城下で殺害されているのである。治長・有楽らの軍勢が、いつ且元たちを攻撃するかわからないような情勢であったとみられる。且元は天王寺あたりの下屋敷から東にすすみ、河内国荒川（東大阪市）というところで、治長・有楽からの人質を返したという。

この且元の退去の状況について、少し詳しく記しているものに、十月二日付けで本多忠政に宛てた板倉勝重の書状がある（「田中文書」同前一頁）。

> 大坂のことについて、昨日（一日）巳刻（午前十時頃）に、且元は妻子を連れて（大坂から）退去した。大野修理（治長）らは、自分の屋敷を留守にして、二の丸に入って、（且元からの攻撃に）用心をしていたとのことだ。且元兄弟の家中・妻子は大勢いたので、青屋口から出て行こうということで、先に行くものたちは武装して青屋口に出ていっていたが、今日に延期することになったため、（彼らを）呼び返して、河内口の道が広いところを、三里の廻り道になるが、（そこを通って）茨木城に退去した。（且元は）そのまま大坂城に在城していけるのが良いと思っていたけれども、秀頼に異心があるということで、そうであるならば、且元が死んでしまったら、その後困ることになるので、そ

れら家臣・妻子（「寄合者」）をどうにかしたかったけれども、どうにもならないということで、退去することになった、とのことだ。

勝重はこの情報をどこから得たのか記していないが、内容から推測するに、且元本人からのように思われる。そうであれば且元は、同時に家康にも連絡したことであろう。ちなみに、且元が茨木城に退去したことを家康が知ったのは、五日のことで、板倉勝重からの連絡によるものであった（「譜牒余録」同前三～四頁）。且元と貞隆は、このことを使者によって家康に連絡したらしく、それが家康のもとに到着するのは七日のことになる（『駿府記』）。

さてこの書状によれば、且元が大坂から退去したのは、午前十時頃のことであったという。これは「片桐条書」にある午前六時頃とは大きく異なっているが、ただそれらが、退去を始めた時間なのか、退去し終わった時間なのかによって理解は変わってこよう。何しろ四〇〇〇人の大人数であったからである。ここでは退去開始が六時頃、終了が十時頃であったと理解しておきたい。

この且元の退去に際して、大野治長らは、自分の屋敷を留守にしてまで、二の丸に入って、且元からの攻撃に備えていたらしい。治長らは、且元からの武力による反撃があるのではないか、と思っていたらしい。そのような状況であれば、双方ともに、相手方の動きを極度に警戒し合っていた様子がうかがわれる。且元たちは当初は、青屋口から退去することを考えていたらしい。そのために先頭を行く家臣たちは、武装して同口まで出ていっていた。ところが且元は、河内口から退去することにして、青屋口に出ていっていた家臣を呼び戻して、河内口の広い道を通っていったという。一行は、四〇〇〇人の大人数であったから、できるだけ迅速に行動することを考えたのであろうか。

また、ここには且元の心情が記されている。且元としては、そのまま羽柴家にいられるのが良いと考えていたらしい。ところが、秀頼に異心ありとされてしまったため、自分が死んでしまっては、家臣たちがどうにもならなくなるので、このように退去することになった、というのである。おそらく且元は、自身が秀頼への反逆者とされて殺害されても、それで事が収まることはなく、妻子・家臣らも反逆者として処罰をうけると見通していたのであろう。こうして且元は、弟貞隆ともども、家臣・妻子すべてを引き連れて大坂から退去したのである。

幕府方へ弁明する織田有楽

且元の退去をうけて、大坂城では、このことが江戸幕府に対して敵対しようとするもので

はないことを、すぐに書状で板倉勝重に申し入れしたらしい。それは親類衆筆頭の織田有楽の書状で出された。その内容は、

今回大坂での騒動のことは、市正（且元）の駿河への使いが悪かったことから、秀頼が折檻したところ、且元とその弟主膳（貞隆）は摂津茨木城に退去し、これによって大坂は大変な騒動になった。私は家康・秀忠（「両御所」）に対してまったく野心を持ち合わせていないので、このことをきちんと家康に伝えてほしい。

というものであった。この書状が勝重のもとに届いたのは、且元退去日の一日（ついたち）のことか、翌日二日のことであったろう。それが駿府に送られ、駿府に到着したのは六日のことになる（『駿府記』）。

ここで有楽は、且元が大坂から茨木城に退去したことを伝えるとともに、このことが家康・秀忠に対して、反抗するものではないことを訴えている。ただここでは、あくまでも申し入れの主体は、有楽となっている。これが茶々・秀頼の心情を代弁するものなのか、有楽の個人的な行動であったのかまでは判断しかねる。このあたりについては、有楽が、これまでにおける羽柴家のなかでの立場や、その後に展開される大坂の陣において、どのような立

ち位置にあったのか、あわせて考えていく必要があろう。ただし有楽について、そのようなことの追究は行われていないようなので、今後の研究成果に委ねておきたい。

もっとも秀頼自身も、その後において、例えば十月九日付けで、美濃国高須城主の徳永左馬助（さまのすけ）昌重に宛てて、家康への披露状を出しているなど、しきりに家康・秀忠への敵対は考えていないことを訴えている。しかしこうした秀頼の発言については、家康は「秀頼は若輩なので、織田有楽・大野治長がいろいろと謀略を廻らせて、秀頼の意向として出したものだろう」として、相手にしなかった（『駿府記』十月十九日条）。

これについては、秀頼の書状の出され方をどのようなものとして理解するか、ということにも関わってくる。前章で取り上げた且元への書状は、自筆の書状であったらしいから、それらは秀頼の意志として出されたものであることは間違いない。しかし、こうした対外的な書状は、秀頼の意志で出されたのかどうかは、判断できないところもある。例えば、九月二十三日付けで島津家久宛てに出されたものは、副状で大野治長の書状が付けられていることから考えて、治長の差配によって出された可能性が高い。

この徳永昌重宛のものが、どういう状況で出されたものかわからないので、いずれの可能性が高いのかわからない。しかし、これまでの秀頼の立場からすれば、これは秀頼の本音とも一致しているように思われる。秀頼が自身の主導により、この書状を出したのであれば、それは秀頼が本音を伝えようとしたものと理解されるし、逆にそれを逆手にとって、織田有楽・大野治長が秀頼の名義で出したものであれば、彼らの謀略によるものとなろう。どちらが妥当なのか、これについても今後の研究に委ねざるをえないようである。

家康、且元に大坂城攻めを伝える――10月1～5日

且元が大坂から茨木城へ退去した十月一日、先にも述べたが、この日に、家康のもとに、二十六日頃の状況が、板倉勝重からの書状でもたらされた。大野治長・織田頼長らが且元を襲撃しようとしたため、且元が屋敷に引き籠もった、という内容の連絡である。それを聞いて家康は、激しく立腹し、大坂城攻めのための出陣を決定して、近江・伊勢・美濃・尾張・三河・遠江諸国に対して、陣触れを発したのであった（『駿府記』）。

これはいまだ且元が、大坂城内から退去する以前のことであった。家康としては、いわゆる方広寺鐘銘問題についての交渉を、且元と行っていたにもかかわらず、その且元を誅殺しようとするのは、自身への敵対表明に他ならない、と認識したに違いない。そして翌二日には、伊勢国亀山城主の松平下総守清匡（のち忠明）と同国桑名城主の本多忠政に対して、宿老の安藤帯刀直次・成瀬隼人正正成・本多上野介正純の連署状で、家康が近日中に出陣する

ことを伝えて、清匡・忠政は伊勢国の「小名」たちを引き連れて、近江国瀬田に着陣することを命じている（「譜牒余録」『大日本史料十二編十五冊』五三頁）。

こうして幕府方の諸大名に対して、大坂城攻めのための出陣が命じられたのである。それと同じ二日、騒動が勃発してから初めて、家康から且元に連絡が出された。家康の宿老本多正純の書状によるものであった（同前二一～三頁）。その内容は、

そちら（大坂）で雑説が起きているとのこと、こちらにも聞こえてきているので、あなたの事を家康（「大御所様」）も、一通りのことでなく、心配に思われています。そのことについて堀部弥平次がそちらに行って、様子を聞いてきなさいとの（家康の）ご命令があったので、すぐに行かせました。そちらの状況を詳しく知りたいです。

というものであった。ちなみに駿府から派遣されることになった堀部弥平次とは、且元の家臣であった。追而書（追伸）に、「こちらに滞在させられて、何ごとも念入りな内容を伝えてきたので、どの点からも満足されることでしょう」とあるので、先に且元から派遣されてきて、そのまま駿府に滞留させられていたものであったことがわかる。且元は二十三日に、本多正純に飛脚を出しているが、それと同時に使者も派遣していたのであろうか。それとも

方広寺鐘銘問題の交渉の時に、そのまま駿府に滞留させていたものであろうか。

それはともかく、ここで正純は、且元家臣の堀部を、状況把握のために大坂に派遣することにしている。そして四日には、家康の九男で尾張の国持大名であった徳川右兵衛督（ひょうえのかみ）義利（のち義直）が、駿府を出陣した。幕府方軍勢の出陣はこうして本格化していった。

且元が大坂から茨木に退去したとのことを、家康が知ったのは五日のことであった。そしてその日、本多正純と板倉内膳正重昌（勝重の子）は且元に宛てて書状を出している（同前三～四頁）。その内容は、

> あなたの事について、大坂から問題なく茨木に退去されたとのこと、板倉伊賀守（勝重）からいってきました。そのことを（家康に）いったところ、とてもよかった、とのことでした。一通りのことでなく、心からのことでしたので、満足に御思いください。以前から大坂で騒動があるとのことを聞いて、「大御所様」（家康）は気にしていたとのことで、「右兵衛督殿」（徳川義利）が昨日四日に駿府を出陣しました。「大御所様」は今月十一日に出陣されます。京都に着くまでは、構わずに茨木にいてください。「片主膳殿」（貞隆）も同時に退去されたと聞きました。その通りでしょうか。「大御所様」はこれを聞いて、とてもよかったとお思いで、一通りでなく誉めています。日本の神に誓って少

しも偽りはありません。「大御所様」の出陣は急ぎますので今月二十日頃には、京都で御目にかかりたいと思います。
尚々、今回のことの次第は、よかったと（家康は）お思いで、心からのお気持ちなので、満足に思ってください。そちらのことについては、板伊州（板倉勝重）と何についても相談ください。

というものであった。且元の茨木城への退去のことは、板倉勝重から報されたものであった。その行動について、家康はとても喜んでいることが伝えられている。そのうえですでに前日の四日に徳川義利が出陣し、家康も十一日に出陣することが伝えられている。そうして且元には、家康が京都に到着するまでは、そのまま茨木城に在城していいこと、家康は二十日頃に京都に到着する予定なので、その時には京都まで出陣してくることを要請している。

こうして且元は、家康の配下に入ることを認められ、大坂の陣に幕府方として参陣することになる。これまでひたすらに茶々と秀頼を支えてきた且元は、こうした事態になったことをどのようにとらえていたであろうか。

茶々と且元の訣別

且元は、茶々と秀頼から、羽柴家への異心を疑われ、結局その疑念はぬぐい去れずに、処罰をうけることになった。それに対して且元は、一族・家臣の身の安全のために、こぞって羽柴家から退去し、幕府方の庇護をうけることを選択した。そうして幕府方への忠節を表明するために、大坂城攻めに加わることになるのであった。

茶々・秀頼との、この行き違いは、つまるところは羽柴家の在り方についての将来像の違いであった。且元は、羽柴家は明確に江戸幕府配下の一大名となることで、安定的な存続を果たせると確信していたに違いない。それは且元自身が、織田政権からの下剋上で、羽柴政権が誕生した経緯を、目の当たりにしてきたことからくる認識であったろう。

ところが茶々と秀頼、とりわけ茶々は、関ヶ原合戦後から続いてきた、羽柴家の特殊な大名としての在り方の維持に拘（こだわ）ったとみられる。そもそも茶々は、賤ヶ岳合戦後に秀吉の庇護をうけるようになってから、そして秀吉の妻の一人に迎えられた段階から、政権主宰者の立場に位置していた。関ヶ原合戦後、羽柴家は事実上、一大名のような存在になったが、さまざまな点から特別扱いを認められ続けた。茶々としては、秀頼が政権主宰者になることはできなくても、前政権の後継者として、一大名以上の存在であり続けることに、力点を置いていたのではないかと思われる。

しかし徳川家康は、そのような羽柴家の曖昧な位置を、これ以上は認めることはしないとして、方広寺鐘銘問題の解決のかたちをとって、且元を通じて、一大名としての立場になることを要求してきたのであった。ここで茶々と且元の立場は、明確に分かれることになった。振り返れば、この時点で、茶々と且元の関係は決裂するしかなかったといえるかもしれない。

且元としてみれば、この家康からの要請を蹴ることは、江戸幕府との開戦にいたらざるを得ず、それは羽柴家の滅亡をもたらすものとしか考えられなかったのであろう。十代の時から秀吉に仕え、羽柴家を支えてきた且元にとって、どのような形態であれ、羽柴家の存続こそが最優先であったと思われる。しかも且元の父は、茶々の父浅井長政の家臣であり、且元自身も、早くからその長女である茶々の存在は承知していただろう。そのように因縁深い茶々から、羽柴家への二心を疑われ、結局は処罰されるにいたったことは、何とも残念であったに違いない。

そこで且元排除の急先鋒であったのは、秀頼近臣筆頭の大野治長や、親類衆筆頭の織田有楽・頼長父子であった。且元は、羽柴家中のなかで二番目に大きい所領高を有し、大坂城の城門番所七ヶ所のうち、弟貞隆とともに六ヶ所を管轄し、さらには羽柴家の財政・外交すべてを取り仕切る存在であった。あまりにもその権力は、他の家臣に比して隔絶しすぎたものになっていた。そうしたところに、他の家臣らの不満も生じていたことは容易に推測され、それを改変しようとして動いたのが、治長・有楽であったとみることもできる。そうであれば、且元による羽柴家の家政運営において、まったく問題がなかったわけではなかったのかもしれない。

対して、茶々はどうであったろうか。家康からの要請を蹴ることが、羽柴家の滅亡につながりかねないことをどこまで認識していたであろうか。且元がそれらの条件を取り次いできたことに不快を示し、且元の二心を疑ったとはいえ、最後は、且元の生命を保証し、片桐家の存続も図ろうとしたことを踏まえれば、茶々が、且元を決定的に排除しようと思わなかったことは間違いない。それはとりわけ関ヶ原合戦後から、羽柴家を一身に支えてくれた功績への感謝に他なるまい。

しかし、茶々の政治判断の背景に、織田有楽や大野治長らの思惑に左右された面があったことは否定できないように思われる。茶々が且元との関係を修復しようしていた一方で、織田有楽・頼長父子や大野治長は、且元の排除を既定路線とし、さらには江戸幕府との開戦への道を辿っていたのであった。茶々はそうした重臣たちが敷いた路線から、どれだけ自由に判断を示すことができたといえるであろうか。そもそも政治経験に乏しかった茶々が、それらをはねのけて、独自の判断を押し通すことなど無理であったに違いない。

ここにあらためて、関ヶ原合戦後、茶々が且元に対して「自分にはしっかりとした親もおらず、相談できる家臣もいない」といっていた言葉が思い起こされる。関ヶ原合戦後の羽柴家は、且元を除いて、政治能力のある家臣はほとんど一人もいない状態になっていた。そして、且元が退去した後は、且元排除に動いた織田有楽・頼長父子と大野治長の両者が、羽柴家の家政を取り仕切ることになる。しかしその両者にしても、政治経験は乏しく、そのため江戸幕府と充分な交渉を行えるほどの政治能力は認めがたい。

この羽柴家の場合も、充分な政治能力のある家臣がいなければ、大名家の存続は遂げられない、ということの一例といえよう。ましてや主人の茶々・秀頼にしてから、充分な政治経験を有していなかったのである。政権や大名家を存続させるにあたっては、主人にはいかに高度な政治能力が必要であったのか、そこではいかに有能な家臣の存在が必要であったのかということを、あらためて考えさせられる。

茶々・秀頼そして且元の死去――慶長20年5月

最後に、茶々・秀頼・且元のその後の動向について、ごくごく簡単にながめておくことで本書を閉じることにしよう。

且元が羽柴家を去った後は、織田有楽と大野治長が大坂方の総帥となって、幕府との交戦におよぶものとなった。そこでの作戦は、当然ながら籠城戦であった。十月十二日、大坂方の軍勢は、幕府の堺奉行が管轄していた和泉国堺を攻め、これを占領した。ここに大坂冬の陣が開幕することになる。

これを聞いた且元は、翌日、すぐに茨木城から軍勢を派遣したものの、迎え撃ちにあう羽目になった。さらには、茨木城を攻撃されるような情勢になった。そのため且元は十五日、京都所司代の板倉勝重に救援を要請、これをうけて幕府方の軍勢が救援に駆けつけてくることになった。こうして早くも且元は、幕府方として、大坂方と対戦するにいたっている。

二十三日に、家康が京都二条城に到着すると、幕府方の大坂への進軍が本格的に開始されることになり、二十五日、在京の軍勢が先鋒となって、大坂に進軍することになった。そのなかには且元の姿もあった。さらに且元は、大坂方への経済封鎖を図り、大坂城近辺の絵図を提出するなど、幕府方に最大限の協力姿勢をとっている。幕府方からの信用を得るためであろう。そして十一月五日になると、且元は家康から、大坂城の包囲を命じられることになる。

同月十日に秀忠が伏見城に到着すると、同月十五日に家康と秀忠はそれぞれ出陣して、大坂に向けて進軍を開始、家康は大和路を進んで住吉に着陣、秀忠は河内口を通って平野に着陣する。そうして幕府方は順次、大坂城包囲のため布陣していった。両軍が開戦したのは二十六日のことで、幕府方は大坂城外に構築されていた大坂方の砦を順次攻略していった。そして最大の合戦となったのが、「真田丸」での攻防であった。ここで幕府方は大きな被害を出し、そのため戦況は膠着状態に陥る。そしてこの日、家康は茶臼山に、秀忠は岡山に着陣し、それぞれを本陣とした。

　もっとも、真田丸以外の砦はすべて攻略されていたから、大坂方はほぼ惣構えの内側に押し込まれた状態になっていた。しかし、幕府方も惣構えを突破することができず、戦況は膠着化した。そのため両軍の間で和睦交渉がすすめられていった。幕府方の交渉関係者が、「茶々は対応が遅い」と観測していたのは、この時のことになる。和睦交渉は紆余曲折を経ながらも二十日に合意が成立、二十一日に起請文が交換されて、停戦和睦が成立する。そしてその日のうちから、和睦条件であった、大坂城の惣堀の埋め立てが開始されることになる。

　これをうけて家康は、二十五日に茶臼山を引き払って二条城に戻り、且元もこれに続いて退陣し、二十六日晩に京都に家康を訪れている。なお且元は、この冬の陣終結にともなって、家康から一万石の加増をうけて、あわせて四万石を領知することになっている。いうまでもなく、この合戦における功績によるものであろう。

幕府方軍勢による大坂城の堀の埋め立て作業は、年が明けて慶長二十年（元和元年）正月末頃には完了をみて、それにともなって幕府方軍勢は順次、退陣していった。そうして大坂城は、本丸のみが残された、事実上の裸城（はだかじろ）になった。ひと頃までは、それら堀の埋め立ては幕府方の策略とみられていたが、現在では、史料をもとに、そもそもの和睦条件であったことが確認されている。

ところが、もう一つの条件であった、牢人の召し放ちについては、進展しなかった。あろうことか在城衆は、幕府方軍勢が引き揚げると、すぐさま堀の掘り返しや建物の再建を始めた。さらに武具を用意して、明らかに再戦の動きがすすめられていった。そうした状況をうけて、大坂方の最高首脳の一人となっていた織田有楽が、大坂城から退去した。有楽は先の和睦締結を担った一人であった。条件の不履行は、ただちに再戦につながることになる。

在城衆のなかには再戦を推進する勢力が大きく、有楽との間に激しい路線対立が生じていて、有楽はいわば、それに敗れて退去せざるをえなくなったのであろう。有楽退去の後は、大野治長が大坂方の唯一の総師になったが、彼も先の和睦締結を担った人物であり、彼もその後に再戦推進勢力から暗殺されかけるという始末であった。もはや大坂方では、それらの勢力をまったく制御することができなくなっていたことがわかる。もちろん茶々と秀頼に、その能力がなかったためであった。

家康は四月一日に、大坂城攻めのための陣触れを発し、ここに再び幕府は大坂城を攻めることになった。且元はこの時、駿府で与えられていた屋敷に居たが、幕府軍の上洛に従って、その後は秀忠軍に従軍した。合戦は四月二十七日、大坂方の先制攻撃によって始まった。大坂夏の陣の開戦である。本格的な交戦は、同月二十九日の樫井（かしい）合戦から始まり、幕府方軍勢は大坂方を破りながら進軍していった。五月六日に道明寺（どうみょうじ）合戦と八尾・若江合戦で激戦が展開されたものの、勝利した幕府方軍勢は、さらに大坂城に迫った。

そして翌七日、最後の合戦となる天王寺合戦が展開された。よく知られているように、真田信繁（のぶしげ）が家康本陣に三度まで突入したものの、反撃をうけて戦死にいたる合戦である。大坂方は敗北、幕府方軍勢は大坂城に攻め寄せていった。大坂城では火の手が上がり、やがて天守にまで及んだ。茶々・秀頼らは天守下の山里曲輪（くるわ）のなかの土蔵に避難した。八日朝までにその土蔵も焼けたらしく、その焼け残りに隠れていたところを且元が見つけたという。それから幕府方と茶々・秀頼の助命交渉が行われたが、叶わず、ついにその日の昼に、茶々・秀頼らは自害して果て、羽柴家は滅亡を遂げた。茶々は四十七歳、秀頼は二十三歳であった。

最期を迎えるに際して、茶々は何を思っていたのかは、もちろんわからない。しかし、一大名の立場になるくらいなら、自害し、羽柴家を滅亡させてもよい、という考えまで持っていたのか、私には疑問に思える。自害にいたったのは、幕府方が助命を認めなかったためであり、幕府がそう判断したのは、大坂城が落城するまで、大坂方が徹底抗戦したためであった。徹底抗戦した相手を助命する作法は存在していなかったのである。

すでに状況は、かつて秀忠が将軍に任官した際、秀頼の上洛を拒否した段階とは異なっていた。このことは茶々も認識していたであろう。大坂冬の陣の和睦で、大坂城が裸城になることを容認したのも、何よりも羽柴家の存続を図ったからのことであったに違いない。そうであれば、その後、なし崩し的に再戦にいたってしまったのは、そうした動きに対して的確な政治判断を下すことができなかったためのように思われる。かつて茶々は且元に、自分にはきちんとした家臣がいないことを訴えていた。その結果としかいいようがない。

さて合戦後、且元は大和国の所領に戻ったが、その後、京都三条にある屋敷に移って、養生した。且元は前年から「咳病（がいびょう）」を患っていたらしく、その養生のためとみられる。しかし五月二十八日、同地で死去した。享年六十であった。その死は、かつての主人の茶々・秀頼の死去から遅れることわずか二十日であった。

且元が死去したのが、茶々・秀頼の死去から二十日後であったところに、何やら因縁のようなものを感じざるをえない。実際にも且元の死去については、実は自害であったという見解もみられているが、真相はもちろん不明である。しかし前年から病気であり、しかも年齢も六十歳であったことからすると、病死とみるのが自然であろう。それが茶々・秀頼の死から二十日後のことであることをみると、何らかの関係を思わざるを得ない。茶々・秀頼が自害し、羽柴家が滅亡してしまったことへの気落ちによるものであったのかもしれない。

且元は、早くから秀吉に仕えていただけでなく、秀頼が羽柴家当主になって以来、その重臣として、さらには唯一の家老として、茶々・秀頼を家長とする羽柴家を支え続けてきた。しかし最後は、江戸幕府との関係の在り方をめぐって決裂にいたり、且元は羽柴家の滅亡を見届けることになった。且元の人生は、羽柴家とともにあったといって過言ではない。そのことからすると、羽柴家の滅亡により、自身の人生の終わりを感じたことであろう。羽柴家の滅亡後、わずか二十日で人生を終えることができたことは、且元にとって満足なことであったかもしれない。

おわりに

羽柴家はなぜ滅亡してしまったのか。そのことを考えるにあたっては、茶々とはどのような人物だったのだろうか、という問いは不可欠のものとなる。それは江戸時代から、滅亡の原因は茶々にあるような見方が多くされてきているからであった。かくいう私自身も、かつて歴史小説や、一般向けの歴史書を読んでいた頃には、そのような観念に影響されていたように思う。歴史研究者になってからは、さすがにそのような見方には懐疑的になったが、かといって何か定見を持ったわけではなかった。具体的に史料にあたるなどのことがなかったからであった。

ところが、二〇一六年NHK大河ドラマ「真田丸」の時代考証を担当することにともなって、少し状況が変わった。ドラマの第二部からは、羽柴家の話が多く取り込まれていたから、おのずと羽柴家に関する史料に接するようになっていったのである。そうして本書で注目した、茶々から片桐且元に宛てた書状のなかで、茶々が且元を何よりも頼りにしていることや

「自分にはしっかりとした親もなく、また相談できる家臣もいない」と言っていること、茶々が関ヶ原合戦後に「気鬱」に罹っていたこと、あるいは秀頼が且元誅殺の件について「天に誓って俺は知らない」と言っていることなどの事実に接することになり、茶々・秀頼と且元の関係性について、関心を持つようになった。

ドラマが放映されてからしばらくの時期までは、真田家についての追究を優先し、取り組んでいたが、それが終わった頃からは、いつしか羽柴家に関する追究も行うようになっていた。そうして執筆・刊行したのが、『羽柴を名乗った人々』（角川選書）・『小早川秀秋』（シリーズ・実像に迫る　戎光祥出版）、そして本書となる。もっとも本書で取り扱った内容は、他の二冊や、さらにそれまでに刊行した関東戦国史や真田家に関する著作とは、いささか趣きが違うように感じられたことであろう。それこそが本書の特徴であるが、本書ではできるだけ当事者の意識、感情を取り上げることを、意識的に行っている。

それは本書で扱った内容が、茶々・秀頼と且元との十三日間におけるやり取りが中心になっていて、しかもそこに双方の思惑のすれ違いが顕著にみられるからである。そこでみられた具体的な状況をできるだけ復元することで、当事者が置かれていた状況に接近し、事態の展開をその視線からとらえようと思ったためであった。実際のところ、そこではどのような事が起きていたのか、それぞれはどのように影響し合っていたのか、そしてそれらの事態について、関係者はどのように受けとめ、理解し、行動したのか、ということをもとに、且元が羽柴家から退去するにいたる過程を描き出すことを目指した。

こうした叙述方法を選択した背景には、ドラマ制作に接したことで学んだこと、あるいは受けた影響のようなものがある。制作スタッフやキャストから、この人はどのような人物なのか、どうしてこういう行動をとったのか、という質問をよく受けた。一定の研究成果が見られていることについては一応の答えはできるものの、ほとんどのことはいまだ十分な研究成果がなく、そのため満足してもらえるだけの答えができない、ということがあった。そこで感じたことは、歴史研究者は、そのような一般に関心が高い人物や事柄については、ある程度、研究成果を示しておく必要があるということであった。

スタッフもキャストも、関係する書籍をよく読んでいて、役作りに取り組む真摯な姿勢には驚きを禁じえなかった。その一方で、現在の研究段階を踏まえた、基礎的な内容を取りまとめた書籍がそれほど充実していない、という研究状況を直視せざるをえなかった。本書において主人公となった茶々・秀頼・且元たちは、ドラマにおいても主要な人物として登場していただけでなく、それぞれについての脚本における人物設定、キャストによる好演は、とても印象深いものがあった。それに接して逆に、それらはどのような人物であったのか、などのことをおのずと考えさせられることになった。本書は遅ればせながら、茶々・秀頼・且元について、その一端にすぎないが、その実像を示そうとするものとなる。今後、茶々らがドラマに取り上げられることがあった際には、参考になればと思っている。

本書を叙述してあらためて感じたことは、歴史は人間がつくるのだ、ということへの実感である。そしてその人間は、かつて想定されていたような合理性を備えた「近代人」(実際には、そのような人間はいないのであるが)によるのではない、ということである。歴史の結果を知っている後世の人々は、どうしても歴史の展開を結果への道程としてとらえようとする。さらに現代人は「合理的解釈」なるもので物事をとらえがちになる。ところが、実際の経緯を追ってみると、歴史とはその場その場の対応の集合であり、その時に大事にしていたことへの反応の集合と言っていいものであった。しかし、人間は社会に縛られているから、それらの行為はすべて、当時における社会構造や社会思想に基づいたものであることは当然である。

逆にそうであるからこそ、そうした人間の行為に接近し、歴史の具体像を明らかにしようとすれば、そこから社会の仕組みや思想の追究が可能になる。具体的な人間の行為への注目と、それを生み出す社会構造や社会思想の解明は、表裏一体、不即不離の関係にある。要はその解明にどちらから接近するか、という方法論の違いでしかない、と言ってよい。大事なことは、そのことを十分に認識して、双方への視点を見失わないことといえるであろう。そして行動の意味が十分に解釈できなかったところは、いまだその社会のあり方への追究が不十分なところであるということになる。本書においてもいくつか存在していた。これからもそれらを追究する試みを重ねていきたいと思う。

本書の刊行にあたっては、『戦国大名——政策・統治・戦争』に引き続いて、平凡社編集部の坂田修治さんのお世話になった。章節のタイトルや小見出しなどについて、読みやすくなるように、といろいろな工夫をしていただいた。末筆ではあるが、あらためて御礼を申し上げます。

黒田基樹

二〇一七年四月三〇日

主要参考文献

跡部信『豊臣秀吉と大坂城』（人をあるく　吉川弘文館、二〇一四年）
同　『豊臣政権の権力構造と天皇』（戎光祥研究叢書7　戎光祥出版、二〇一六年）
井上安代『豊臣秀頼』（続群書類従完成会、一九九二年）
大阪狭山市教育委員会編『狭山藩北条氏――戦国大名小田原北条五代の末裔』（同委員会、二〇一六年）
大阪市立大学豊臣期大坂研究会編『秀吉と大坂　城と城下町』（和泉書院、二〇一五年）
笠谷和比古『関ヶ原合戦』（講談社選書メチエ3　講談社、一九九四年）
同　『関ヶ原合戦と大坂の陣』（戦争の日本史17　吉川弘文館、二〇〇七年）
柏木輝久『大坂の陣　豊臣方人物事典』（宮帯出版社、二〇一六年）
黒田基樹『真田信之　真田家を継いだ男の半生』（角川選書569　KADOKAWA、二〇一六年）
同　『羽柴を名乗った人々』（角川選書578　KADOKAWA、二〇一六年）
同　『近世初期大名の身分秩序と文書』（戎光祥研究叢書11　戎光祥出版、二〇一七年）
桑田忠親『淀君』（人物叢書　吉川弘文館、一九五八年）
同　『太閤家臣団』（新人物往来社、一九七一年）
同　『豊臣秀吉研究』（角川書店、一九七五年）
児玉彰三郎『上杉景勝』（ブレインキャスト、二〇一〇年）

栄村顕久『島津四兄弟』（南方新社、二〇一六年）
下村效『日本中世の法と経済』（続群書類従完成会、一九九八年）
曽根勇二『片桐且元』（人物叢書228　吉川弘文館、二〇〇一年）
同『大坂の陣と豊臣秀頼』（敗者の日本史13　吉川弘文館、二〇一三年）
田端泰子「曲直瀬玄朔とその患者たち」（京都橘大学女性歴史文化研究所編『医療の社会史――生・老・病・死』思文閣出版、二〇一三年）
長浜市長浜城歴史博物館編『片桐且元』（サンライズ出版、二〇一五年）
中村孝也『家康伝』（講談社、一九六五年）
同『淀殿と秀頼』（千姫シリーズⅢ　国民文化研究会、一九六六年）
同『新訂徳川家康文書の研究　中巻』（日本学術振興会、一九八〇年）
同『新訂徳川家康文書の研究　下巻之二』（日本学術振興会、一九八〇年）
中村博司編『よみがえる茨木城』（清文堂出版、二〇〇七年）
福田千鶴『淀殿』（ミネルヴァ日本評伝選44　ミネルヴァ書房、二〇〇七年）
同『江の生涯』（中公新書2080　中央公論新社、二〇一〇年）
同『豊臣秀頼』（歴史文化ライブラリー387　吉川弘文館、二〇一四年）
同『慶長・元和期の豊臣「公儀」変質過程の研究――豊臣秀頼発給文書の分析』（科研費研究成果報告書　九州大学基幹教育院、二〇一六年）
藤井讓治『天下人の時代』（日本近世の歴史1　吉川弘文館、二〇一一年）
同『天皇と天下人』（天皇の歴史5　講談社、二〇一一年）

堀新・井上泰至編『秀吉の虚像と実像』（笠間書院、二〇一六年）
光成準治『毛利輝元』（ミネルヴァ日本評伝選155　ミネルヴァ書房、二〇一六年）
宮本義己『誰も知らなかった江』（マイコミ新書　毎日コミュニケーションズ、二〇一〇年）
矢部健太郎『関ヶ原合戦と石田三成』（敗者の日本史12　吉川弘文館、二〇一四年）
同　「「源姓」徳川家への「豊臣姓」下賜」（『古文書研究』七四号、二〇一二年）
山本博文『島津義弘の賭け』（読売新聞社、一九九七年）
『歴史読本』編集部編『ここまでわかった！　大坂の陣と豊臣秀頼』（新人物文庫　KADOKAWA、二〇一五年）
渡部景一『佐竹氏物語』（無明舎出版、一九八〇年）

＊校正中に、本書で主要な題材とした「浅井一政自記」についての史料学的研究・全文翻刻した堀智博「豊臣家中からみた大阪の陣——大阪落人浅井一政の戦功覚書を題材として」（『共立女子大学文芸学部紀要』六三号、二〇一七年）が刊行された。本書では参照できなかったが、重要な論考であるので参照していただきたい。

黒田基樹（くろだ もとき）

1965年東京都生まれ。早稲田大学教育学部社会科地理歴史専修卒業。博士（日本史学）。専門は日本中世史。現在、駿河台大学法学部教授。著書に『百姓から見た戦国大名』（ちくま新書）、『戦国大名北条氏の領国支配』（岩田書院）、『中近世移行期の大名権力と村落』（校倉書房）、『戦国大名——政策・統治・戦争』（平凡社新書）、『羽柴を名乗った人々』（角川選書）、編著に『関東管領上杉氏』（戎光祥出版）、『北条氏年表』（高志書院）、監修に『戦国大名』（平凡社別冊太陽）などがある。

［中世から近世へ］

羽柴家崩壊（はしばけほうかい） 茶々（ちゃちゃ）と片桐且元（かたぎりかつもと）の懊悩（おうのう）

発行日　2017年7月21日　初版第1刷

著者　黒田基樹
発行者　下中美都
発行所　株式会社平凡社
〒101-0051 東京都千代田区神田神保町3-29
電話 (03)3230-6581［編集］ (03)3230-6573［営業］
振替 00180-0-29639
ホームページ http://www.heibonsha.co.jp/
印刷・製本　株式会社東京印書館
DTP　平凡社制作

ISBN978-4-582-47733-7
NDC分類番号210.47　四六判（18.8cm）　総ページ284